Bibliothek der Schiffstypen

Claus Rothe

Deutsche Seebäderschiffe
1830 bis 1939

transpress
VEB Verlag für Verkehrswesen Berlin 1989

Der Autor dankt folgenden Personen
und Institutionen:

Wilhelm Beulke, Braunschweig; Dr. Achim Borchert, Hamburg;
Peter Busch, Schwerin; Gerd-Uwe Detlefsen, Bad Segeberg;
S. Fornacon, Reinbeck; Hans-Joachim Gersdorf, Hamburg;
Ralf Gierke, Rostock; Karl-Heinz Heine, Hamburg;
Arnold Kludas, Grünendeich; Reinhard Kramer, Rostock;
Dr. Jürgen Meyer, Bremen; Ulrich Möller, Kirchdorf;
Raymund Oberhem, Velbert; Norbert Pilz, Kiel;
Kurt Pittelkow, Preetz; Hans-Joachim Reinecke, Hamburg;
Albrecht Reinhold, Altenburg; Erhard Schäfer †, Warnemünde;
Dietrich Strobel, Rostock; Kurt Ströde, Stralsund;
Horst Wagner, Wiehl; Hans-Günther Wentzel, Stuhr;
Martin Werner, Schwerin; Hubert Vogel, Stralsund;
der Aktiengesellschaft Reederei Norden-Frisia, Norden;
dem Bremer Landesmuseum;
der Förde-Reederei GMBH, Flensburg;
der Hafen-Dampfschiffahrts-A.-G. HADAG, Hamburg;
der Hapag-Lloyd Aktiengesellschaft, Hamburg;
der Schiffahrt der Inselgemeinde Langeoog;
dem Staatsarchiv Bremen;
der Werft Jos. L. Meyer, Papenburg und der
Wyker Dampfschiffs-Reederei Föhr-Amrum GmbH,
Wyk auf Föhr.

Rothe, Claus:
Deutsche Seebäderschiffe: 1830 bis 1939. – 1. Aufl.
Berlin: Transpress, 1989. – 160 S.: 152 Bilder
(Bibliothek der Schiffstypen)

ISBN 3-344-00393-3
1. Auflage
© 1989 by transpress VEB Verlag für Verkehrswesen,
1086 Berlin, Französische Str. 13/14
VLN 162-925/131/89
Printed in the German Democratic Republic
Gesamtherstellung: IV/10/5 Druckhaus Freiheit Halle
Verlagslektor: Ulrich Leopoldi
Gestaltung: Günter Nitzsche/Regine Bach
Zeichnungen: Ralf Gierke
LSV 3869
Best.-Nr.: 567 404 1
01980

Inhaltsverzeichnis

Die Entwicklung der Fahrgastschiffahrt an der deutschen Küste

Die Bäderschiffahrt vor der deutschen Nordseeküste

In der Geschichte der deutschen Seebäder zählt ein an König Friedrich II. gerichtetes Schreiben aus dem Jahre 1783 von Gerhard Otto Christoph Janus, Inselpastor der Nordseeinsel Juist, in dem erstmals von der Gründung eines deutschen Seebades die Rede war, zu den ältesten bekannten Dokumenten. Jedoch sollte nicht an der Nordsee-, sondern an der Ostseeküste, im damaligen Herzogtum Mecklenburg-Schwerin, 1793 das erste deutsche Seebad eröffnet werden. Es handelte sich um Heiligendamm, die ehemalige Sommerresidenz der Mecklenburger Fürsten. Erst 1797 wurde Norderney an der Nordseeküste Seebad.

In den folgenden Jahren entwickelten sich an der deutschen Nordseeküste immer mehr Orte zu Seebädern, sei es nun auf dem Festland, sei es auf den Inseln. Anfangs mußten die Seebäder noch um Gäste werben, doch mit der Zeit wurden die Unterkünfte komfortabler, die Betreuung verbesserte sich, und die verschiedenen Logierhäuser und Hotels priesen ihre besonders gute Küche an. Bei den gehobenen Schichten wuchs das Interesse, die Urlaubstage an der See zu verbringen. Dafür waren nicht nur gesundheitliche Erwägungen maßgebend, sondern auch das Bemühen um ein höheres Ansehen. Es gehörte bald zum guten Ruf, ein Seebad besucht zu haben. Mit dem ansteigenden Besucherstrom zu den Urlaubsorten und Seebädern an der deutschen Nordseeküste vergrößerte sich auch das Interesse von Schiffahrtsunternehmen, diese Personen mit Schiffen an die Bestimmungsorte zu bringen. Die Marktlücke,

Passagiere auch nur stundenweise zu befördern und damit Gewinne zu erzielen, erkannten die Schiffseigner schnell und stellten sich darauf ein. Die große Wende trat jedoch erst ein, als es dampfgetriebene Schiffe gab. Im Gegensatz zum Segelschiff ist das Dampfschiff kaum abhängig von Wind und Wetter, es verkürzt erheblich die Reisedauer und vermag sogar nach einem festgelegten Zeitplan zu verkehren.

Das erste Dampfschiff, das beispielsweise auf der Unterelbe 1816 in Fahrt kam, war der etwa 20 Meter lange Seitenraddampfer THE LADY OF THE LAKE. Dieses Schiff gehörte einem Engländer, der von der Stadt Hamburg die erste Konzession zum Betrieb einer Dampferlinie zwischen Hamburg und Cuxhaven erhalten hatte. Im Juni 1816 nahm das kleine hölzerne Dampfboot seine Fahrten ab Hamburg auf. Die Auslastung des Schiffes blieb jedoch weit unter den Erwartungen, und THE LADY OF THE LAKE dampfte im Sommer des folgenden Jahres wieder nach Großbritannien zurück.

Etwa zur gleichen Zeit, am 3. Dezember 1816, lief in Vegesack ein Dampfschiff vom Stapel. Am 20. Mai 1817 konnte DIE WESER die ersten regelmäßigen Fahrten aufnehmen. Wie vorgesehen, beförderte DIE WESER Personen auf der Linie Bremen – Vegesack – Brake – Vegesack – Bremen. Zusätzlich diente der Dampfer als Schlepper und verrichtete Bugsierdienste. Auf einer Fahrt nahm DIE WESER 100 bis 250 Passagiere auf.

Der Durchbruch, mit dem Dampfschiff auch in Deutschland den Passagierverkehr zu betreiben, war gelungen. Die Anzahl der mit Dampfmaschinen ausgerüsteten Schiffe erhöhte sich auch an der deutschen Nordseeküste. Am 1. März 1834 machte der Raddampfer BREMEN (I) zur ersten Reise von Bremen nach Bremerhaven die Leinen los, und Hamburger Reeder brachten von Hamburg aus verschiedene kleine Personendampfer in Fahrt. 1834 wurden beispielsweise mit dem Seitenraddampfer ELBE der Hamburger Dampfschifffahrts-Companie Fahrten zwischen Hamburg und Cuxhaven und von Cuxhaven aus bis Helgoland, Norderney und Föhr angeboten. Ebenfalls nach Helgoland dampfte 1836 die PATRIOT mit einer Vermessung von 48 Commerzlasten und einer Länge von etwa 37 Metern.

Im Laufe der Jahre nahm die Anzahl der Dampfschiffe zu; diese wurden größer, moderner und schneller. Immer mehr Schiffahrtsunternehmen beteiligten sich am lukrativen Geschäft im Passagierverkehr an der deutschen Nordseeküste sowie in den Mündungsgebieten von Elbe und Weser. Die Zeiten waren bald vorbei, daß man mit kleinen Flußdampfern, wie die Hamburger Schiffe

PATRIOT, ELBE oder HENRIETTE, erst nach etwa 14 Stunden die Insel Helgoland erreicht hatte.

Das Hamburger Handelshaus Johann Cesar Godeffroy hatte 1853 in Schottland einen mit 98 Commerzlasten vermessenen Seitenraddampfer bauen lassen. Er konnte 1854 als HELGOLAND (I) im Liniendienst Hamburg – Helgoland in Fahrt gebracht werden. Mit diesem Dampfer war es bei günstigem Wetter möglich, in etwa 7 Stunden Helgoland zu erreichen. Die erste HELGOLAND hatte 3 Masten und 2 Schornsteine. Der Standort für den Kapitän war, unabhängig vom Wetter, eine offene Brücke. Im hinteren Teil des Schiffsrumpfes befand sich ein Passagiersalon, in dem mit Samt bezogene Sofas zu beiden Seiten und ein langer Tisch in der Mitte standen. Auch sonst gab es an Bord verschiedene Bequemlichkeiten, die auf den älteren, kleineren Dampfern fehlten.

1857 entstand aus 4 Schiffahrtsgesellschaften der Norddeutsche Lloyd Bremen (NDL). Damit

Die Dampfer PATRIOT und ELBE des Hamburger Unternehmens J. C. Codeffroy auf der Elbe.

Foto: Kupferstichkabinett Hamburg

hatte nun auch die Hansestadt Bremen eine große Reederei, ähnlich der im Mai 1847 gegründeten Hamburg-Amerikanischen Packetfahrt-Actien-Gesellschaft (Hapag). Durch diesen Zusammenschluß war es möglich, auf der Niederweser 3 Passagierdampfer des neuen Unternehmens in Fahrt zu bringen. Es handelte sich dabei um die Dampfer HANSEAT, OLDENBURG und PAUL FRIEDRICH AUGUST. Später kam noch der Personendampfer ROLAND (II) hinzu. Dieser Seitenraddampfer lief 35 Jahre unter der Flagge des Norddeutschen Lloyd Bremen und unternahm viele Reisen, vor allem nach Helgoland und Norderney. Vom Lloyd 1884 verkauft, dampfte er noch bis 1897 auf der Weser weiter. Im Gründungsjahr des Norddeutschen Lloyd hatte auf einer Reise nach Großbritannien am 3. Juni 1857 der Lloyd-Dampfer MÖVE als erstes Schiff des neuen Bremer Schiffahrtsbetriebes vor Helgoland festgemacht. Der erste eiserne Doppelschraubendampfer auf der Weser war die 47 Meter lange NORDSEE, welche ab 1865 im Seebäderdienst des NDL zwischen Bremerhaven und Helgoland verkehrte.

Gab es auch schon immer einen harten Konkurrenzkampf zwischen den Schiffahrtsunternehmen, war er doch gerade in der Zeit der technischen Revolution besonders heftig. In diesem Kampf konnte nur die stärkste Reederei bestehen. Kleinere Unternehmen gingen unter oder schlossen sich zu Betriebsgemeinschaften zusammen. In Bremen konnte sich der Norddeutsche Lloyd schnell den vorderen Rang erkämpfen, und zwar sowohl im Dienst nach Übersee als auch im Seebäderdienst. Vor allem die beiden Salon-Raddampfer NAJADE und NIXE versahen bis zum Beginn des ersten Weltkrieges den Seebäderdienst zwischen der Niederweser und Helgoland. Als Vorbilder für diese beiden bewährten Passagierdampfer galten die Seitenraddampfer des sogenannten »Fischgeschwaders« auf der Niederweser. Dazu gehörten die Dampfschiffe FORELLE, DELPHIN, HECHT und LACHS.

Als bedeutendes Schiffahrtsunternehmen im Seebäderverkehr soll auch Ballins Dampfschiffs-Rheederei-Gesellschaft, Hamburg, genannt sein. 1889 gegründet, ging diese Reederei 1904 als Nordsee-Linie Dampfschiffsgesellschaft mbH in den Seebäderdienst der Hapag über. Jener Gesellschaft gehörten solche bedeutenden Seebäderschiffe, wie der Seitenraddampfer FREIA sowie die Dampfer ARIADNE, PRINZESSIN HEINRICH und COBRA (I), an. Die Nordsee-Linie war es auch, die 1905 das erste zivile Turbinenschiff, die KAISER, bei der Stettiner Vulcan Werft in Auftrag gab.

Aus der Anfangszeit der Dampfschiffahrt soll aber auch von einer weniger schönen Seite der Passagierschiffahrt zwischen Weser und Elbe berichtet werden. In der Nacht vom 20. zum 21. Juli 1902 hatte kurz nach 23.00 Uhr der 1839 in Blackwell bei London gebaute Seitenraddampfer PRIMUS in Cranz mit Kurs auf das nördliche Ufer der Elbe abgelegt. Dieses kleine Passagierschiff verkehrte auf der Linie Hamburg – Blankenese – Cranz. An Bord befanden sich über 200 Fahrgäste. Vor Blankenese kollidierte der Seitenraddampfer durch die Schuld seines Kapitäns mit dem Seeschlepper HANSA der Hapag. Die PRIMUS sank; 103 Passagiere ertranken. Dieses Unglück ist bis heute die schwerste Schiffskatastrophe auf der Elbe.

Trotzdem vertrauten sich weiterhin Tausende von Menschen den kleinen und großen Schiffen an, um mit ihnen zu den Erholungsorten an der Festlandküste oder auf eine der vielen Nordseeinseln zu gelangen. An vorher kaum besuchten Stränden hatten sich Seebäder entwickelt, die auch untereinander im Wettstreit um Gäste standen.

Zu den beliebtesten Reisezielen gehörte Helgoland, seit 1826 als Seebad bezeichnet, welches vom Festland etwa 45 Kilometer entfernt ist. Zu Beginn des 15. Jahrhunderts kam die Insel an das Herzogtum Schleswig, 1714 an Dänemark und 1814 an Großbritannien, das Helgoland allerdings schon seit 1807 besetzt hielt. Gemäß dem Helgoland-Sansibar-Vertrag tauschte das Deutsche Kaiserreich 1890 die Insel gegen Sansibar und südwestafrikanische Gebiete ein. Das noch heute beliebte Reiseziel war bereits in der Zeit vor dem ersten Weltkrieg Anziehungspunkt für viele. Damit war eine gute Auslastung der Schiffe nach Helgoland, sei es nun von Hamburg, Wilhelmshaven oder Bremen, gesichert.

Restauration auf dem Turbinendampfer KAISER der Hapag.   Foto: Hapag-Lloyd AG

Doch auch die anderen Seebäder brauchten nicht über Mangel an Gästen zu klagen. Die Schiffahrtsgesellschaften hatten sich umfangreiche Fahrpläne erarbeitet, so daß man die Auswahl an Schiffsreisen als ausreichend bezeichnen konnte.

Als Beispiele dafür sollen einige Auszüge aus dem Fahrtenprogramm des Seebäderdienstes der Hapag aus dem Jahre 1906 erwähnt werden. Während der Vorsaison, vom 30. April bis 14. Mai, fuhr zunächst der Salondampfer SILVANA, dann vom 16. Mai bis zum 15. Juni der Salondampfer COBRA wöchentlich dreimal – am Montag, Mittwoch und Freitag – nach Cuxhaven, Helgoland und Sylt. Die täglichen Fahrten fanden in der Zeit vom 16. Juni bis zum 1. Oktober statt; dabei wechselten sich der neue Turbinendampfer KAISER und der Salondampfer COBRA ab. Außerdem verkehrte zwischen Hamburg und Cuxhaven vom 8. Juni bis zum 8. September täglich der Dampfer SILVANA. In Hörnum auf Sylt war direkter Anschluß mit dem Dampfer SYLT nach Amrum und Wyk auf Föhr, und zwar vom 2. bis zum 29. Juni jeweils montags, mittwochs und freitags und vom 1. Juli bis zum 17. September täglich. Der regelmäßige Dienst auf der Linie Helgoland – Norderney begann am 19. Juni. Bis zum 1. Juli verkehrte hier dreimal wöchentlich die SILVANA, danach bis Mitte September täglich der Salondampfer PRINZESSIN HEINRICH. Anschlußverbindungen nach Juist, Borkum und Langeoog bestanden vom 1. Juli bis zum 13. September. Neben diesen regelmäßigen Liniendiensten gab es ein reichhaltiges Angebot an reinen Vergnügungs- oder »Lust«fahrten. Mit dem Dampfer KAISER bot z. B. die Hapag Tagesfahrten von Hamburg nach Cuxhaven und Sylt an oder von Hamburg nach Cuxhaven und Norderney in direkter Fahrt ohne Zwischenstationen.

Außer dem Hapag-Seebäderdienst gab es aber auch eine Anzahl kleinerer Schiffahrtsunternehmen, die die Beförderung von Personen zu Nordseeinseln anboten. Zunächst sei hierbei die Aktiengesellschaft Reederei Norden-Frisia zu nennen, die auf Norderney ihren Sitz hatte. 1867 wurde die erste regelmäßige Postverbindung nach dieser Insel eingerichtet; vorher war Norderney nur mit Segelbooten zu erreichen. 1871 begann der regelmäßige Dampferverkehr zwischen Norddeich und den Inseln Norderney und Juist. Im gleichen Jahr entstand die Dampfschiffs-Rhederei Norden, deren Schiffsfahrplan sich nach der Tide richtete. Anfangs mußten die Fahrgäste der Dampfer im Watt auf Pferdefuhrwerke umsteigen. Dieses Erschwernis entfiel, nachdem auf Norderney ein Deich und ein Hafen gebaut worden waren. Zu den ersten Dampfern dieser Gesellschaft gehörten STADT NORDEN, OSTFRIESLAND, NORDDEICH, NORDERNEY und JUIST. Vom 1. Januar bis zum 1. August 1914 wurden auf Norderney 19 188 Besucher gezählt.

Am 14. März 1885 gründeten die Wyker Bürger Sievert, Broder, Volquardsen und Steffen-Heinrich Boetius in Wyk auf Föhr ein eigenes Schiffahrtsunternehmen. Der erste Dampfer der »Wyker Rhederei-Gesellschaft« war die NORDFRIESLAND. Er befuhr die Linie zwischen Wyk und Dagebüll. Die Wyker hatten allerdings bereits 1873 ein Schiff mit Dampfantrieb in Fahrt gebracht, das aus einem dänischen Kanonenboot umgebaut worden war. Dieser Dampfer trug den Namen FÖHR ET DAGEBÜLL und beförderte Post und Passagiere zwischen Dabebüll und Wyk auf Föhr. Im Mai 1878 ersetzte der Dampfer WYCK-FÖHR die FÖHR ET DAGEBÜLL, die sich als nicht besonders geeignet erwiesen hatte.

Eine dritte Reederei, die Föhrer Dampfschiffahrtsgesellschaft, gab es auf der Insel seit 1883.

Aus dem Konkurrenzkampf zwischen den genannten Inselreedereien ging die »Föhrer Dampfschiffahrtsgesellschaft« am Ende als Sieger hervor.

Ab 1894 existierte die Wyker Dampfschiffs-Rhederei GmbH. Sie war ab 1902 der einzige Verkehrsträger zur Insel Föhr. Zu den bedeutendsten Schiffen dieser Reederei gehörte die 1908 von den Kieler Howaldtswerken abgelieferte FÖHR-AMRUM. Das erste Motor-Passagierschiff der Gesellschaft war die 1911 in Dienst gestellte ALBERT BALLIN (77 BRT), die ebenfalls bei den Kieler Howaldtswerken gebaut worden war. Das zweite Motorschiff war die FÖHR-DAGEBÜLL (98,8 BRT / 29,8 Meter lang und 6,0 Meter breit). Dieses Schiff wurde in Hamburg auf der Werft von H. C. Stülcken & Sohn gebaut und zeigte gegenüber der ALBERT BALLIN in der Fahrt im Wattenmeer gute Eigenschaften. Bis kurz nach dem zweiten Weltkrieg legten die Fahrgastschiffe in Wyk an einer Seebrücke an.

Speziell für den Verkehr nach Borkum, der bis dahin von verschiedenen Unternehmen aus Leer und Emden betrieben worden war, wurde 1889 die A.-G. »Ems«, Emden, gegründet. Die ersten Schiffe dieser Gesellschaft waren die Dampfer WILHELM I, EMDEN und BORKUM. Diese neue Reederei konnte sich innerhalb weniger Jahre im Konkurrenzkampf mit der ebenfalls in diesem Fahrtgebiet tätigen Leerer Dampfschiffahrts-Gesellschaft, Leer, und der Reederei Habich & Goth, Borkum, durchsetzen. Sie übernahm 1901 die Leerer Dampfschiffahrts-Gesellschaft mit deren Seitenraddampfer AUGUSTA, der zwischen Borkum und Norderney verkehrte. Außerdem wandelte sie das Borkumer Schiffahrtsunternehmen zur Borkumer Kleinbahn- und Dampfschiffahrt-A.-G. um, woran die A.-G. »Ems« den größten Aktienanteil hatte. Bedeutendstes Passagierschiff der A.-G. »Ems« war der 1909 in Dienst gestellte Doppelschraubendampfer PRINZ HEINRICH. Innerhalb der Reederei war der Seitenraddampfer WESTFALEN im Verkehr Emden – Borkum und gelegentlich auch nach Helgoland am längsten im Dienst.

Auch die ostfriesische Insel Langeoog gehörte zu den beliebten Ausflugszielen an der deutschen Nordseeküste. Bereits aus den 40er Jahren des 19. Jahrhunderts stammen Unterlagen über einen regen Fährschiffsverkehr der Langeooger mit dem Festland. Der erste Dampfer war kein Neubau, sondern die 1888 aus Groningen gecharterte PIET HEIN. Der erste Neubau für Langeoog konnte aber bereits 1889 in Dienst gestellt werden; es war der

Dampfer STADT ESENS. Wie bereits bei anderen Nordseeinseln beschrieben, gab es anfangs auf Langeoog weder einen Hafen noch eine feste Landungsbrücke für Schiffe. Die Fahrgäste mußten in einiger Entfernung vom Land in Pferdewagen umsteigen. Einen Steg für den Dampfer gab es erst 1892. Erwähnenswert ist auch die 1901 eröffnete Pferdebahn, die von der Langeooger Pferdebahngesellschaft betrieben wurde. Mit dieser Bahn war es möglich, auf angenehme Weise vom Landungssteg bis in den Ort zu gelangen.

Einen besonderen Rang in der Inselschiffahrt hatte die Insel Sylt. Sie ist die am weitesten westwärts vorgeschobene sowie die größte und zugleich interessanteste Insel der Nordfriesischen Inselgruppe. 1896 hatte Ballins Dampfschiffs-Rhederei-Gesellschaft ihren Liniendienst erstmals bis nach Sylt erweitert. Allerdings mußten für eine Dampferfahrt von Hamburg bis Sylt etwa 10 Stunden eingeplant werden, denn die Reise war mit einigen Schwierigkeiten verbunden. Der erste Passagierdampfer, der von Albert Ballin nach Sylt beordert wurde, war die aus Belgien gecharterte PRINCESSIN ELISABETH. Im Pander-Tief endete die Reise des Hamburger Dampfschiffes. Die restlichen 2 Kilometer bis zur Ortschaft Munkmarsch mußten die Fahrgäste auf Schiffen der Sylter Dampfschiffahrtsgesellschaft zurücklegen, und über Land ging es dann weiter nach Westerland. Auch andere Reedereien, wie ab 1890 das Unternehmen Morris & Co., beteiligten sich am Schiffsverkehr nach Sylt. 1901 wurde vor Hörnum eine Schiffsanlegebrücke gebaut. Seit dieser Zeit legten hier die großen Passagierdampfer an der südlichsten Spitze der Insel an. Mit der Eisenbahn konnten die Fahrgäste dann weiter bis Westerland reisen. Auch der Norddeutsche Lloyd Bremen ließ ab Bremerhaven Passagierschiffe nach Sylt verkehren. Die Reise dieser Schiffe, wie auch die ab Wilhelmshaven, endete allerdings vor Helgoland. Hier mußte man in die Hapag-Dampfer umsteigen und mit diesen nach Hörnum weiterreisen. Somit waren alle wichtigen Seebäder auf den Ost- und Nordfriesischen Inseln sowie Helgoland mit dem Festland und auch untereinander durch Dampfschiffslinien verbunden.

Nicht weniger aktiv und von gleicher Bedeutung und Wichtigkeit waren aber auch die Reedereien, die Liniendienste zu den Seebädern an der Festlandküste und zu den vielen Ausflugsorten an der Unterelbe oder Niederweser betrieben. In Hamburg gehörte die Hafen Dampfschiffahrts-A.-G. (HADAG) seit ihrer Gründung im August 1888 zu den wichtigsten Schiffahrtsunternehmen in der Personenschiffahrt auf der Elbe. Mit dem Ausbau des Hamburger Hafens und der Schiffswerften waren Fährschiffe notwendig geworden, denn Besucher aus dem Binnenland und auch die Hamburger selbst hatten großes Interesse, bei einer Rundfahrt den Hafen kennenzulernen. Die Schiffe der HADAG konnte man an ihrem grünen Rumpfanstrich gut von den anderen Gesellschaften unterscheiden. Die Angebote der HADAG waren sehr umfangreich. Außer Hafenrundfahrten und Fährverkehr bot sie ihren Gästen auch Ausflugsfahrten elbabwärts bis Cuxhaven an. Die Reederei übernahm im Mai 1900 die Finkenwerder-Linie und konnte somit ihr Fahrtenprogramm erweitern. Erwähnt werden sollen auch Fahrten mit den Dampfern der Hamburger Jollenführer Dampfer G.m.b.H., deren Abfahrtstellen am Sandtorhöft und Amerikahöft lagen, und Bangert's Hafen-Rundfahrten, die vom Hamburger Baumwall ausgingen. 1914 hatte die HADAG 55 Fährdampfer und 7 Jollenführer unter ihrer Flagge in Fahrt.

Mit Beginn des ersten Weltkrieges endeten alle Aktivitäten beim weiteren Ausbau der deutschen Seebäder und der Seebäder- und Ausflugsschifffahrt. Viele Urlauber hatten bereits kurz vor Kriegsbeginn die Seebäder verlassen, da sich die politische Lage zuspitzte. Helgoland mußte auf Befehl des Inselkommandanten geräumt werden. Der Dampfer COBRA brachte die letzten Badegäste nach Cuxhaven; auch die BUBENDEY war für den Abtransport der Helgoländer bestimmt. Die Bevölkerung der Insel und ihre Habseligkeiten wurden mit dem Hapag-Dampfer RUGIA nach Hamburg gebracht, wobei die COBRA für die größere RUGIA als Tender diente.

Während des ersten Weltkrieges brachte die Kaiserliche Marine eine Reihe ehemaliger Seebäderschiffe für ihre Interessen in Dienst. Ein großer

Teil dieser Passagierschiffe überstand nicht den Einsatz als Hilfsminenschiff oder Vorpostenboot, andere wurden bei Einsätzen erheblich beschädigt. Der erst 1913 in Dienst gestellte moderne Seebäderdampfer KÖNIGIN LUISE (I) wurde beispielsweise als Minenschiff in Dienst gestellt. Als »Hilfsstreuminendampfer B« ging das Schiff bereits am 5. August 1914 gegen 13.20 Uhr in der Themsemündung unter.

Nach dem ersten Weltkrieg lag die Seebäderschiffahrt am Boden. Der größte Teil der ehemaligen Personenschiffe war entweder im Krieg verlorengegangen oder mußte an die Siegermächte abgeliefert werden. Der Marinehafen an der Südspitze Helgolands und alles, was sonst noch zur Festung Helgoland gehörte, wurden gesprengt. Auch die Badeanlagen der anderen Seebäder befanden sich in einem verwahrlosten Zustand.

Der neue Anfang war schwer, denn es mußte beim Wiederaufbau neuer Schiffsverbindungen zu

Anlegestelle des Hapag-Seebäderdienstes in Cuxhafen um 1937.
Foto: Sammlung Autor

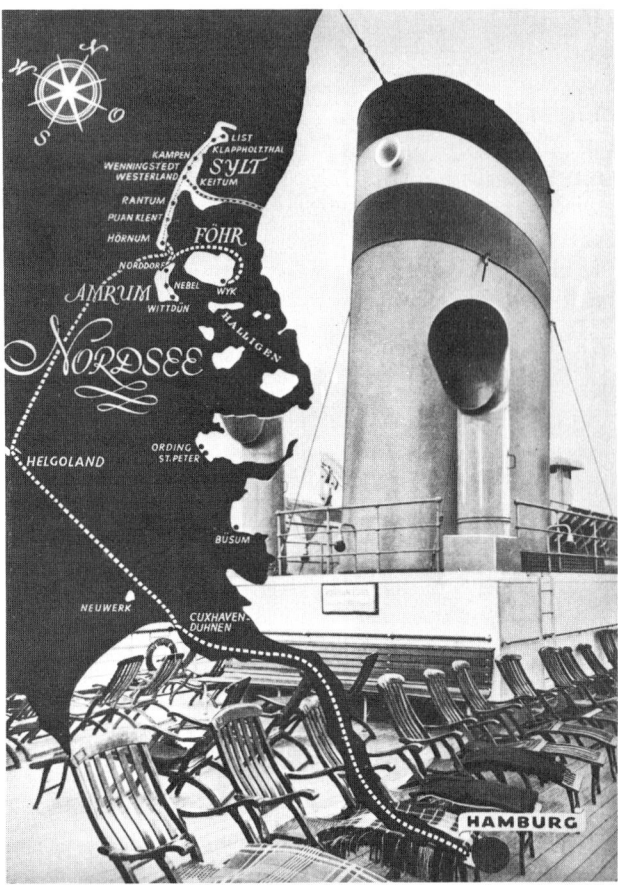

Fahrtrouten des Hapag-Seebäderdienstes um 1935.
Foto: Sammlung Autor

den Seebädern und Ausflugsorten auf das Vorhandene zurückgegriffen werden.

Für die Fahrgastschiffahrt in Bremen standen nach dem ersten Weltkrieg außer den Seitenraddampfern NAJADE, NIXE, DELPHIN und LACHS das größte Schiff des Norddeutschen Lloyd, der Seebäderdampfer GRUESSGOTT, zur Verfügung. Am Himmelfahrtstag 1919 veranstaltete der NDL mit der GRUESSGOTT eine Fahrt im Auftrag des Bremer Witwenvereins von Bremen nach Helgoland; dabei wurden die Stationen Vegesack, Brake und Nordenham angelaufen. Ab 1920 konnte die Hapag 2 neue Schiffe im Seebäderdienst beschäftigen. Es handelte sich um die HELGOLAND und die

HÖRNUM, die als Minensuchboote während des ersten Weltkrieges in Fahrt waren. Die Hapag kaufte 1919 die Schiffe und ließ sie für den Seebäderdienst umbauen. Doch konnten beide Schiffe nur als Notbehelf angesehen werden; deshalb trennte sich die Hapag 1922 wieder von ihnen. Inzwischen war es gelungen, einige Schiffe von den Alliierten zurückzukaufen; beispielsweise erhielt die Hapag 1922 ihren Turbinendampfer KAISER zurück.

In Bremen setzte mit der Indienststellung des Turbinenschiffes ROLAND (2436 BRT) am 24. Mai 1927 ein merklicher Umschwung im Seebäderdienst ein. Außer der Hauptroute nach Helgoland bediente das neue Schiff auch Norderney und Wangerooge. Von Anfang Juni bis Mitte September verkehrte die ROLAND täglich zwischen Bremerhaven und Helgoland. Zu dieser Zeit bestanden ab Helgoland Verbindungen nach und von Borkum, Westerland, Amrum, Wyk auf Föhr und Wilhelmshaven sowie Cuxhaven–Hamburg. In Norderney gab es bereits wieder Fahrten nach und von Juist, Langeoog, Baltrum und Borkum, entweder durch Sonderfahrten oder durch Dampfer der Anschlußreedereien.

1930 verkaufte die Hapag ihren Dampfer BUBENDEY an den Norddeutschen Lloyd Bremen. Nach einem Umbau nur noch mit einem Schornstein versehen, trug das Schiff nun den Namen GLÜCK-AUF. Der Hapag-Seebäderdienst wurde durch große, schnelle und moderne Schiffe wie beispielsweise die 1926 in Dienst gestellte COBRA (II) und die 1934 in Fahrt genommene KÖNIGIN LUISE (II) wieder äußerst leistungsfähig.

Auch die Hafen-Dampfschiffahrts-A.-G. Hamburg hatte sich bald eine neue Flotte aufbauen können. 1921 erhielt die HADAG die Konzession für die noch heute beliebte »Große Hafenrundfahrt«. In der Zeit von 1925 bis 1929 konnte das Unternehmen 5 Motorschiffe und 4 Dampfer in Dienst stellen. Zu den größten Fahrgastschiffen der HADAG zählte in jenen Jahren die JAN MOLSEN mit 1294 BRT. Nach den Vorschriften des Germanischen Lloyd war dieses Motorschiff für die Klasse »Kleine Küstenfahrt« gebaut. Außer den neuen Schiffen übernahm die HADAG auch

verschiedene Schiffahrtsunternehmen, die in der Unterelbe-Fahrt beschäftigt waren, so beispielsweise die 1840 gegründete Hamburg-Stade-Altländer-Linie, Hamburg, im März 1929 und die 1799 gegründete Reederei Wachsmuth & Krogmann, Hamburg, im Jahre 1937.

Kapitän Ulrich Albers, Schiffer Ulrich Meyer und Maschinist Johann Küper aus Baltrum gründeten gemeinsam Anfang 1928 eine Reederei, die als Baltrum-Linie Albers, Meyer & Küper eingetragen wurde. Mit der BALTRUM I, einem ehemali-

Ausbooten von Passagieren vor Helgoland.
Foto: Sammlung Autor

gen Schlepper, richtete dieses Unternehmen einen regelmäßigen Fährdienst zwischen der Nordseeinsel Baltrum und Norddeich ein.

Die Inselgemeinde Langeoog brachte ab 1926 ein Motorboot mit dem Namen REIHER ab Langeoog in Fahrt. Ein Jahr später kaufte die Inselgemeinde die Dampfschiffahrtsgesellschaft Esens-Bensersiel-Langeoog auf. Danach wurde die Schiffahrt der Inselgemeinde Langeoog ins Leben gerufen, die auch heute noch auf Langeoog tätig ist.

Zu den ersten Neubauten dieses Schiffahrtunternehmens gehörten die Schiffe LANGEOOG III und LANGEOOG IV, die beide 1927 auf der Werft von Jos. L. Meyer in Papenburg gebaut wurden. Andere Schiffe, wie die 1938 in Hamburg gekaufte PIONIER ex LIEBE verstärkten die Flotte der Insel-Reederei.

Auch die auf Norderney ansässige »Aktiengesellschaft Reederei Norden-Frisia« nahm nach dem ersten Weltkrieg verschiedene moderne Fahrgastschiffe in Betrieb, unter anderem den letzten Dampfschiffs-Neubau der Papenburger Werft von Jos. L. Meyer, die FRISIA I (504 BRT). Dieser Dampfer wurde im Mai 1928 in Dienst gestellt und fuhr 38 Jahre lang für diese Reederei. Der FRISIA folgte 1935 das Fahrgastschiff FRISIA X.

Für Fahrten nach Helgoland wurde im Mai 1927 die STADT RÜSTRINGEN der »Jade-Seebäder A.-G.«, Rüstringen, in Dienst gestellt. Das Schiff befand sich außerdem im Liniendienst nach Wangeroog.

Die hier nur kurz beschriebene Entwicklung der Passagierschiffahrt vor der deutschen Nordseeküste wurde mit dem Beginn des zweiten Weltkrieges erneut abgebrochen. Am 6. Mai 1939 lief noch die vierte HELGOLAND, vorgesehen für den Hamburg-Helgoland-Dienst, in Memel vom Stapel. Die HELGOLAND, größtes bisher gebautes Seeschiff mit Voith-Schneider-Antrieb, war im Seebäderdienst für 2000 Deckspassagiere vorgesehen, kam in dieser Funktion jedoch nicht mehr zum Einsatz.

Die Bäderschiffahrt vor der deutschen Ostseeküste einschließlich des Förde- und Boddenverkehrs

Die Bäderschiffahrt an der Ostseeküste, insbesondere nach den Seebädern der Inseln Rügen, Wollin, Usedom und Poel sowie zu den Küstenbädern Mecklenburgs und des pommerschen und ostpreußischen Festlandes, hatte sich relativ langsam entwickelt. Ein Grund dafür bestand in der Annahme, daß nur die Seebäder an der Nordsee für Erholungszwecke geeignet und heilkräftig wären. Jedoch auch an der Ostseeküste brachten die ersten Dampfschiffe nicht nur als Schlepp- oder Bugsierdampfer, sondern auch im Passagierverkehr den Reedereien gute und sichere Gewinne.

Ab 1834 wurde als erstes Rostocker Dampfschiff der eiserne Seitenraddampfer ROSTOCK-PACKET für verschiedene Fahrten ab Rostock oder Warnemünde angeboten. Das erste Stralsunder Dampfschiff, der Seitenraddampfer STRALSUND, befuhr die Gewässer Stralsunds und Rügens ab 1841. Am 3. Juni 1841 eröffnete die STRALSUND die Dampferlinie Stralsund – Stettin. Aber auch Ausflugsfahrten »Rund-um-Rügen«, Fahrten nach Kopenhagen, Malmö, Rostock, Bad Doberan und Travemünde standen auf dem Programm.

Die Stettiner Reederei J. F. Braeunlich, ab 1896 Stettiner Dampfschiffs-Gesellschaft J. F. Braeunlich, erreichte im Raum Stettin einen besonderen Umschwung in der Bäderschiffahrt. Mit dem 1852 bei Früchtenicht & Brock in Bredow bei Stettin vom Stapel gelassenen Seitenraddampfer DIE DIEVENOW unterhielt die Reederei eine erste regelmäßige Schiffsverbindung nach Wollin und Cammin, der damaligen Station für Misdroy und Dievenow. DIE DIEVENOW war nicht nur der erste Dampfer dieser Reederei, sondern zugleich der erste Neubau der Werft, aus der sich später die berühmte »Vulcan«-Werft entwickeln sollte. Die Dampferflotte wuchs schnell an, und außer einer Linie nach Swinemünde wurden Schiffahrtslinien zu den Seebädern Ahlbeck und Heringsdorf sowie zu den Badeorten der Insel Rügen eröffnet. Auch der Schiffsverkehr nach Stralsund und Greifswald konnte weiter ausgebaut werden. Mit dem Erwerb des Seitenraddampfers FREIA aus Hamburg 1896 erweiterte die Reederei ihr Liniennetz vor allem nach Saßnitz. Zur Eröffnung der Postdampferlinie Saßnitz – Trelleborg am 1. Mai 1897 beförderte die FREIA die Ehrengäste aus Trelleborg nach Saßnitz. Auf der Linie Saßnitz–Trelleborg verkehrte von 1897 bis etwa 1908 auch der Doppelschraubendampfer IMPERATOR. Später nahm dieser Dampfer den Seebäderdienst Stettin–Rügen auf. Weitere bedeutende Schiffe der Reederei Braeunlich waren bis zum zweiten Weltkrieg vor allem die Seebäderschiffe HERTHA, RÜGEN, FRIGGA, ex DEUTSCHLAND und RUGARD. Den Dampfer RÜGEN erwarb später die Stettiner Reederei Rudolf Christian Gribel und baute ihn für den Passagier-Linien-

dienst nach Finnland und zu den baltischen Staaten um. Die RUGARD kam außer für den Bäderdienst gelegentlich auch für die Fahrten nach Bornholm und Kopenhagen zum Einsatz. Im Raum Stettin gab es noch eine Reihe anderer Schiffahrtsunternehmen, die vor allem Linien zu den vielen Ausflugsorten entlang der Oder und im Oderhaff bedienten. An erster Stelle sei hier die Swinemünder Dampfschiffahrts-A.-G. mit ihren Dampfern SWINEMÜNDE, BERLIN, DEUTSCHLAND und STETTIN zu nennen. Ferner waren es die Dampfschiffahrts-Gesellschaft »Misdroy« in Stettin, die Reederei Emil R. Retzlaff, Stettin, die Stettin-Wollin-Cammin-Dievenower Dampfschiffs-Gesellschaft in Cammin und die Stepenitzer Dampfschiffahrtsgesellschaft G.m.b.H in Stepenitz.

Dampfschiffbollwerk in Stettin vor dem ersten Weltkrieg. Foto: Sammlung Autor

Dampfer SASSNITZ an der Seebrücke vor Stubbenkammer.
Foto: Sammlung Autor

In Saßnitz auf Rügen hatte sich in der Bäder-schiffahrt der Insel die Saßnitzer Dampfschiffsge-sellschaft m.b.H. als wichtigstes Schiffahrtsunter-nehmen bis zum zweiten Weltkrieg behaupten können. Die Dampfer und Motorschiffe dieser Reederei beförderten ihre Fahrgäste nicht nur zur Seebrücke unterhalb des Königsstuhls bei Stub-benkammer, sondern befuhren auch ein umfang-reiches Liniennetz entlang der Küste Ostrügens zu den Seebädern, u. a. Binz, Sellin, Baabe und Göh-ren. Auch Fahrten in See und nach Greifswald,

Hiddensee und Stralsund standen auf dem Pro-gramm. Ebenfalls zeigte sich die nach dem ersten Weltkrieg gegründete »Mönchguter-Motorschiffs-linie« der Gebrüder Wittmiß aus Gager im Bäder-verkehr Rügens sehr aktiv.

In Wiek auf Rügen besaß die Reederei Joh. Al-wert den Frachter HERMANN THEODOR sowie die beiden Passagiermotorschiffe HEIMAT und NAUTI-LUS. Diese drei Schiffe liefen bis 1939 im Dienst zwischen Wiek–Hiddensee und Stralsund.

Von Stralsund aus erwies sich vor allem die Insel Hiddensee als beliebtester Ausflugsort. Als erster Personendampfer hatte 1887 die GERMANIA aus Breege auf Rügen in Kloster mit Passagieren fest-gemacht. Am Verkehr nach Hiddensee beteiligten sich in der Folgezeit viele Reedereien. Zu den wichtigsten zählten die Unternehmen Bentzien, Prätz, Israel, C. A. Beug und Staude. Schiffsna-men wie CAPRIVI, HERTHA, HIDDENSEE, GERMANIA oder LIEBE waren in der Zeit von 1864 bis 1939 in Stralsund, auf Hiddensee und auf Rügen zum Be-griff geworden. Ein Schiffahrtsunternehmen von besonderer Bedeutung in der Hiddensee-Stral-sund-Fahrt wurde die 1919 gegründete Genossen-schafts-Reederei Hiddensee G.m.b.H. in Vitte. Sie begann mit der CAPRIVI und erweiterte dann kontinuierlich ihren Fuhrpark durch den Kauf mo-derner Dampf- und Motorschiffe, wie der SWANTI, der INSEL HIDDENSEE und der DORNBUSCH. Diese Reederei war es auch, die den Einheitstarif für Fahrten nach Hiddensee einführte.

Für Fahrten von Ueckermünde aus zum Oder-haff und zu den verschiedenen Boddenstationen, aber auch bis Swinemünde und Stettin setzte die Ueckermünder Dampfschiffsgesellschaft ver-schiedene Schiffe ein. Die Ribnitz-Wustrower Dampfschiffs-Gesellschaft in Wustrow auf dem Fischland unterhielt eine Dampferlinie auf dem Saaler Bodden zwischen Ribnitz und Wustrow. In diesem Fahrtgebiet gab es außerdem noch die Reederei Arno Birkigt und ein weiteres Unterneh-men in Ribnitz. Die beständigste Reederei in die-ser Boddenregion war das Unternehmen Fritz Holtz in Barth; es wurde später von Walter Kruse-mark weitergeführt. Diese Reederei betätigte sich neben Ausflugsfahrten mit der Schlepp- und

Frachtschiffahrt. Ende der 30er Jahre besaß die Firma den Dampfer Hiddensee für 170 Personen, den Dampfer Walter für 137 Personen, den Dampfer Gudrun für 110 Personen, das MS Onkel Fritz für 130 Personen, das MS Hella für 92 Personen und den Motorfrachter Lily.

Wie bereits erwähnt, reicht die Fahrgastschiffhrt von Rostock aus in das Jahr 1834 zurück. Nach dem Dampfer Rostock-Packet gab es in den folgenden Jahren noch zahlreiche kleine und größere Ausflugsdampfer, die in Rostock oder Warnemünde ihre Liegeplätze hatten. An der Tagesordnung waren Fahrten zwischen Rostock und Warnemünde, aber auch zu den benachbarten Seebädern Graal-Müritz, Wustrow oder Ahrenshoop. Gelegentlich boten die Unternehmen aber auch Fahrten nach Dänemark an. Die Mecklenburgische Seebäder-Linie, die Reederei Paul Mestermann und ganz besonders die Firma unter der Leitung von Kapitän Paul Hahn aus Rostock hatten über Jahre hinweg die Ausflugslinien zu den Seebädern bedient. Von den Schiffen verdient besondere Erwähnung der 1910 in Rostock gebaute Dampfer Kronprinz Wilhelm, der als Motorschiff Undine noch immer genutzt wird.

Zwischen Wismar und der Insel Poel, aber auch zu den Badeorten der holsteinischen Küste und zu den Mecklenburger Seebädern bestanden über eine längere Zeit hinweg Schiffsverbindungen.

Die ersten Vergnügungsfahrten in der Wismarer Bucht fanden 1845 mit dem Raddampfer Samson statt. Er war hier zugleich das erste Dampfschiff. 1847 wurde in Wismar die Mecklenburgische Dampfschiffahrts-Gesellschaft A. G. gegründet. Dieses Unternehmen sollte zwischen Wismar und Kopenhagen einen regelmäßigen Post-, Passagier- und Stückgutverkehr einrichten. Nach diesen Anfängen entwickelte sich rasch auch in Wismar die Passagier- und Bäderschiffahrt. Dampfschiffsverbindungen nach Boltenhagen, Arendsee, Brunshaupten u. a. gehörten zum jährlichen Fahrtenangebot der Schiffseigner. Falke, Hindenburg, Seeadler, Seeadler I, Seebad Wendorf, Fritz Reuter, Möve oder Insel Poel sind nur einige Schiffe, die in diesem Gebiet Ausflugsfahrten unternahmen. Die Gebrüder Steinhagen aus Kirchdorf / Poel sowie Heinrich Mews, Heinrich Krohn, Otto Schacht und Kapitän Kruse aus Wismar waren die Besitzer dieser Schiffe.

Verschiedene Passagier-Ausflugsdampfer hatten in Travemünde ihren Heimathafen. Die Ostseebäder-Linie H. Krohn besaß von 1925 an beispielsweise den Dampfer Seemöve. Der Dampfer verkehrte zu verschiedenen Häfen Mecklenburgs und Schleswig-Holsteins. Der Schiffseigner Henry Koch aus Lübeck richtete ab 1874 eine fahrplanmäßige Dampferverbindung von Lübeck nach Travemünde ein. Ein Schiff der Reederei war der

Seebäderdampfer Cranz der Reederei Hermann Goetz, Königsberg.   Foto: Sammlung Dr. Achim Borchert.

1872 in Hamburg gebaute Dampfer CONDOR. Der Reeder Otto Krimpe aus Lübeck verfügte ab 1899 über den alten Personendampfer NAJADE, der vor allem nach Neustadt in Fahrt war. Im Lübecker Schiffsregister waren ab 1928 die beiden Raddampfer ADAM und EVA eingetragen. Die Lübeck-Büchener-Eisenbahn und die Lübeck-Linie zeichneten für diese Personendampfer als Eigner. Beide Dampfer hatten am 14. Mai 1929 Kurs auf Travemünde genommen. 1933 wurden beide Schiffe wieder verkauft.

Im Gegensatz zum westlichen Teil der deutschen Ostseeküste wurden die Seebäder im damaligen Ostpreußen durch verschiedene Reedereien und Seebäderschiffe bedient. Diese Schiffe liefen vor allem die vielen Seebäder am Frischen Haff und am Kurischen Haff bis nach Königsberg und Memel an. Neben der Danziger Dampfschiffahrt- und Seebad-AG »Weichsel«, der Memel-Cranzer-Dampfschiffahrts-Gesellschaft, dem Tilsiter Dampfer-Verein, der Königsberger Reederei Fritz Neubacher und dem Königsberger Unter-

Hafen von Danzig mit Ausflugsschiffen in den dreißiger Jahren.   Foto: Deutsche Fotothek Dresden

Fördedampfer in Kiel an den Seegartenbrücken.   Foto: Sammlung Reinhard Kramer

nehmen von Hermann Goetz betrieben hier noch verschiedene andere Schiffahrtsgesellschaften Personenschiffahrt. Besonders bekannte Seebäderdampfer waren die Motorschiffe KURISCHES HAFF und FRISCHES HAFF der Memeler Dampfschiffahrtsgesellschaft m. b. H.

Um nun das Bild über die deutsche Ostsee-Bäderschiffahrt abzurunden, dürfen auch die vielen Linien zu den Ausflugsorten in der Kieler und Flensburger Förde nicht ungenannt bleiben. Als Beispiel sollen hier nur solche Unternehmen erwähnt werden, die zu den großen Reedereien gehörten, wie die Vereinigte Flensburg-Ekensunder und Sonderburger Dampfschiffs-Gesellschaft, die Förde-Reederei GmbH in Flensburg, die Sonderburger Dampfschiffahrts-Aktien-Gesellschaft und die Flensburger Personen-Schiffhrt GmbH & Co. KG. Linien von Flensburg nach Sonderburg und zu den nahen dänischen In-

seln gehörten zu den Fahrtgebieten der Dampfer wie ROTA, FEODORA, ERNST GÜNTHER, PHÖNIX, HABICHT, ALBATROS, und ALEXANDRA. Von Kiel aus beschäftigten die Neue Dampfer-Compagnie und die Hafenrundfahrt AG ihre Ausflugs- und Fährschiffe. Sie fuhren u. a. nach Möltenort, Laboe und Strande. Auch ab Kiel sind im Laufe der Jahre viele Dampfer und Motorschiffe zu den genannten Ausflugsorten an der Kieler Förde im Dienst gewesen. Das Motorschiff LABOE der Neuen Dampfer-Compagnie (NDC) blieb mit 266 BRT das größte Schiff, das in Kiel beheimatet war. Der größte Teil der deutschen Fahrgastschiffe, der bis 1939 im Seebäderdienst beschäftigt oder sonst zu den verschiedenen Ausflugszielen an der deutschen Ostseeküste unterwegs war, wurde zu Kriegsbeginn in den Dienst der deutschen Kriegsmarine gestellt. Die Seebäderschiffahrt an der deutschen Küste kam fast völlig zum Erliegen.

Der »Seedienst Ostpreußen«

Entsprechend dem Vertrag von Versailles, den Deutschland am 28. Juni 1919 unterzeichnete und der am 10. Januar 1920 in Kraft trat, erhielt Polen einen Zugang zur Ostsee, der als »Polnischer Korridor« bezeichnet wurde. Ostpreußen und die dem Völkerbund als Protektorat unterstellte »Freie Stadt Danzig« waren damit vom Deutschen Reich territorial abgetrennt und nur mit der Eisenbahn in geschlossenen Waggons zu erreichen. Dieser Zustand wurde von der deutschen Regierung von Anfang an als unbefriedigend empfunden. So entstanden mit der Unterzeichnung des Versailler Vertrages Überlegungen, Ostpreußen ungehindert auf dem Wasserweg zu erreichen. Diese Überlegungen wurden bereits im Januar 1920 mit der Gründung des »Seedienstes Ostpreußen« in die Tat umgesetzt, der anfangs von der Stettiner Dampfschiffs-Gesellschaft J. F. Braeunlich, der Hamburg-Amerika-Linie und vom Norddeutschen Lloyd getragen wurde. Der regelmäßige Liniendienst konnte zunächst auf der Route Swinemünde-Zoppot-Pillau-Memel aufgenommen werden. Am 30. Januar 1920 machte als erstes Schiff des »Seedienstes Ostpreußen« der Hapag-Dampfer HÖRNUM in Swinemünde die Leinen los und dampfte in Richtung Pillau. Die gleiche Reederei brachte auch ihre HELGOLAND für diesen Dienst in Fahrt. Die Stettiner Dampfschiffs-Gesellschaft J. F. Braeunlich beteiligte sich anfangs mit dem Dampfer ODIN am »Seedienst Ostpreußen«. Anfang Juni 1920 verstärkte der Tender GRUESSGOTT des Norddeutschen Lloyd Bremen die Flotte des Seedienstes. Zunächst verpflichtete sich die Reedereigruppe Hapag/Braeunlich zu wöchentlich vier Fahrten und später zu täglichen Abfahrten gegen Garantie für eine Mindestzahl von Passagieren. Für die lange Fahrtzeit auf dieser Route zeigten sich jedoch die im Einsatz befindlichen Schiffe als ungeeignet. Vor allem die ehemaligen Minensuchboote HÖRNUM und HELGOLAND konnten nur als Notbehelf angesehen werden. Auch die anderen Schiffe waren zu klein, nicht schnell genug und verfügten kaum über Bequemlichkeiten an Bord.

Wegen Fehlens erforderlicher Schlafkabinen konnten sie auch nicht für Nachtfahrten zum Einsatz kommen. Der erste Fahrplan des »Seedienstes Ostpreußen« wurde so gestaltet, daß – in Abstimmung mit dem Reichsbahnfahrplan – die Seereise in Swinemünde um 4.00 Uhr begann und um 19.00 Uhr in Pillau endete.

Der »Seedienst Ostpreußen« konnte anfangs von politischen Ereignissen profitieren. Im Zusammenhang mit der »Volksabstimmung in Ostpreußen«, die unter Aufsicht einer Ententekommission stattfand, wurden Hunderte ehemaliger Bewohner Ostpreußens im Juli 1920 mit Schiffen des Seedienstes nach Ostpreußen transportiert, um hier für die weitere Zugehörigkeit zum Deutschen Reich oder aber zu Polen abzustimmen. Der »Seedienst Ostpreußen« brachte dafür zusätzlich die Dampfer COBRA und BUBENDEY der Hapag und den alten Seitenraddampfer NAJADE des Norddeutschen Lloyd zum Einsatz. Nach den sogenannten »Abstimmungsfahrten« sanken ab September 1920 merklich die Passagierzahlen. Im April 1922 zog sich daraufhin der Norddeutsche Lloyd aus dem Seedienst zurück, gefolgt von der Hapag im Oktober 1922. In Fahrt für den Seedienst blieben nur noch die Schiffe ODIN und HERTHA der Stettiner Dampfschiffs-Gesellschaft J. F. Braeunlich. Doch auch dieses Schiffahrtsunternehmen nahm ab 1925 zeitweise seine Schiffe wegen ungenügender Auslastung aus dem genannten Fahrtgebiet heraus. Der »Seedienst Ostpreußen« drohte zum Erliegen zu kommen. Massiv wurden daher Forderungen nach staatlicher Subvention von seiten der Reeder erhoben. Die eingetretene wirtschaftliche Situation des Seedienstes rief die Politiker Deutschlands auf den Plan. Sie forderten einen »ungehinderten Zugang nach Ostpreußen, Danzig und Memel«. Das führte zur Übernahme des »Seedienstes Ostpreußen« durch das Reichsverkehrsministerium und zur Bereitstellung staatlicher Mittel u. a. für Schiffsneubauten. Damit erlangte der Schiffsverkehr zwischen dem Deutschen Reich und seiner Provinz Ostpreußen wieder größere Bedeutung. Der erste Neubau, speziell für den »Seedienst Ostpreußen« in Auftrag gegeben, war die HANSESTADT DANZIG.

Schiff des »Seedienstes Ostpreußen« in Pillau.

Im März 1926 lief das Schiff vom Stapel. Es folgte im gleichen Monat das Schwesterschiff PREUSSEN. Eigner beider Neubauten war das Reichsverkehrsministerium in Berlin. Die HANSESTADT DANZIG wurde vom Norddeutschen Lloyd Bremen und die PREUSSEN von der Stettiner Dampfschiffs-Gesellschaft J. F. Braeunlich bereedert. Diese beiden modernen Motorschiffe konnten eine große Anzahl Fahrgäste bei Fahrten am Tage, aber auch in der Nacht an Bord aufnehmen. Neben ausreichenden Räumlichkeiten, die eine angenehme Fahrt garantierten, verfügten beide Neubauten über genügend Doppelkabinen III. Klasse. Diese Voraussetzungen trugen wesentlich zum Anstieg der Passagierzahlen bei. Aber auch die gute Auslastung der Schiffe durch verschiedene politisch umstrittene Maßnahmen der Regierung des Deutschen Reiches, u. a. die sogenannte »Junkershilfe«

(Osthilfe), die Neuansiedlung von Bauern in Ostpreußen und der Transport von Hilfskräften in der Erntezeit, gegen die KPD und SPD immer wieder auftraten, soll in diesem Zusammenhang nicht unterschätzt werden.

Nach der Machtergreifung der Nationalsozialisten in Deutschland wurden die Schiffe des »Seedienstes Ostpreußen« in immer größerem Umfang auch für den Urlaubertransport von Soldaten, für den Reichsarbeitsdienst und für Fahrten verschiedener nationalsozialistischer Jugendgruppen genutzt. Nach statistischen Unterlagen wurden allein im Jahre 1933 mit den Schiffen des »Seedienstes Ostpreußen« etwa 54 000 Passagiere befördert. Ab 1935 stellte die Hapag ihren Seebäderdampfer KAISER für diesen Dienst zur Verfügung, und am 16. März 1935 lief die TANNENBERG, der dritte Neubau des Unternehmens, vom Stapel. Dieser dritte

Motorschiff TANNENBERG einlaufend in den Hafen von Pillau.

Foto: Sammlung Autor

Neubau, bei dem der Autoraum u. a. zur Unterbringung von bis zu 700 Jugendlichen auf Feldbetten genutzt werden konnte und damit auch für den Transport von Militärpersonal geeignet war, wurde vom NS-Regime propagandistisch im höchsten Maße ausgeschlachtet. Mit einer solchen Flotte konnte das Fahrtgebiet erneut erweitert werden: Es erstreckte sich ab 1935 von Kiel bis Helsinki. Kiel als Standort der Marine an der Ostsee sollte die Jugendlichen für die Kriegsmarine begeistern. Nach Probeanläufen blieb Kiel im regulären Fahrplan. Zielpunkte oder Abfahrtshäfen waren seit 1935 auch Travemünde, Warnemünde, Binz, Swinemünde, Zoppot, Pillau, Memel und Libau. Auf den Fahrten über Saßnitz konnten bei vorheriger Anmeldung auch Autos im Verkehr nach Pillau mitgenommen werden, dagegen im Verkehr nach Zoppot über Binz nur Motorräder.

Als am 14. Oktober 1939 das Turbo-Elektroschiff MARIENBURG als Weiterentwicklung der TANNENBERG und vierter Neubau für den »Seedienst Ostpreußen« vom Stapel lief, hatte Deutschland bereits den zweiten Weltkrieg begonnen. Die MARIENBURG sollte über den üblichen Rahmen des »Seedienstes Ostpreußen« hinaus auch für Winterreisen nach Finnland und Norwegen beschäftigt werden. Unfertig blieb das Schiff jedoch in der Nähe von Stettin im Dammschen See liegen. Die drei Vorgängerinnen HANSESTADT DANZIG, PREUSSEN und TANNENBERG brachte die deutsche Kriegsmarine als Minenschiffe zum Einsatz. Dafür hatten die Auftraggeber diese Schiffe bereits vor ihrem Bau eingeplant. Mit Kriegsbeginn wurden die Fahrten des »Seedienstes Ostpreußen« eingestellt, jedoch ab Mai 1940 in beschränktem Rahmen für einen kurzen Zeitraum wieder aufgenommen.

Deutsche Seebäderschiffe 1830 bis 1939

Neben den eigentlichen Seebäderschiffen werden auch Haff-, Bodden- und Fördeschiffe sowie Schiffe, die die Fahrgäste vom Binnenland zu den an der Küste befindlichen Ausflugsgebieten brachten, vorgestellt. Die repräsentative Auswahl wird chronologisch, d. h. entsprechend dem Zeitpunkt des Stapellaufes, dargeboten.

Seebäderdampfer der Reederei Braeunlich, Stettin, vor dem Anlegen an der Seebrücke Heringsdorf.　　　Foto: Sammlung Autor

ROSTOCK-PACKET

Kaufmann Paetow, Rostock
Bauwerft: Palmer & Co., Newcastle /
24 Lasten / 21,9 m Länge / 4,8 m Breite /
1 Dampfmaschine / 45 PS /
2 Seitenräder /
Passagiere: 120 /
Besatzung: 6

Im Herbst 1833 zeichneten Rostocker Kaufleute und Reeder Aktien im Wert von 9000 Talern in Gold, um dafür ein Dampfschiff bauen zu lassen. Der Auftrag für den Bau des Dampfschiffes, das für den Passagier- und Schleppdienst auf der Un-

terwarnow vorgesehen war, ging im Sommer 1833 an die schottische Werft Palmer & Co. nach Newcastle. Das erste Rostocker Dampfschiff, der eiserne Seitenraddampfer ROSTOCK-PACKET, der im Mai 1834 am Firth of Forth fertiggestellt werden konnte, erreichte am Vormittag des 24. Juni 1834 seinen Heimathafen. Die ROSTOCK-PACKET nahm am 29. Juni 1834 den regelmäßigen Verkehr zwischen Rostock und Warnemünde auf. Anfangs dampfte das Schiff zweimal täglich von Rostock nach Warnemünde, oft mit Ruderbooten im Schlepp und mit einer beachtlichen Zahl von Passagieren (gelegentlich bis zu 200) an Bord. Dabei

Die ROSTOCK-PACKET als STADT ROSTOCK nach 1840.

Foto: Stadtarchiv Rostock

kam es nicht selten vor, daß der Dampfer, vor allem bei Niedrigwasser der Warnow, fest kam, denn zu jener Zeit war die Warnow noch nicht ausgetieft. Ihre durchschnittliche Tiefe betrug 1836 maximal 8 Fuß.

Neben dem Einsatz auf der Unterwarnow wurde der Dampfer bereits 1834 nach Wismar und Kopenhagen in Fahrt gebracht. Am 22. Juni 1835 bot das Schiffahrtsunternehmen mit dem Dampfer eine Fahrt von Rostock nach Greifswald und Putbus an. Der Fürst von Putbus zeigte 1835 Interesse an der ROSTOCK-PACKET. Obwohl für den 29. Juni 1835 die letzte Fahrt des Schiffes angekündigt wurde, kam es nicht zum Verkauf des Dampfers. Er verblieb in Rostock. Ende April 1840 wurde das Rostocker Schiffahrtsunternehmen Haase & Paepcke Korrespondenzreederei des Dampfschiffes. Im Mai 1840 lief der Dampfer zu einer Generalreparatur nach Lübeck aus. Als Ersatz kam im Fahrtgebiet der ROSTOCK-PACKET bis zum 15. September 1840 der Dampfer MINERVA aus Lübeck zum Einsatz. Der Rostocker Dampfer erhielt in Lübeck neue Kessel. Damit konnten die Leistung der Dampfmaschine auf 50 PS gesteigert und gleichzeitig Kohlen eingespart werden. Zum Umbau gehörte auch die Verbesserung der Passagiereinrichtungen und die Erhöhung der Platzkapazität. Am 5. Oktober 1840 lief das in STADT ROSTOCK umbenannte Dampfschiff, von Lübeck kommend, wieder im Heimathafen ein. Mit Passagierfahrten war jedoch auch nach dem Umbau nicht der erhoffte Gewinn zu erreichen. Das Unternehmen war weiterhin auf das Bugsieren von Segelschiffen angewiesen. Mit der Indienststellung des 1847 durch Haase & Paepcke als Neubau in Auftrag gegebenen Seitenraddampfers MINISTER VON LÜTZOW (28 Lasten) wurde die kleinere STADT ROSTOCK (24 Lasten), abgesehen von einigen Fahrten in der Hochsaison, aus dem eigentlichen Passagierverkehr gedrängt. Der Dampfer wechselte danach oft den Besitzer: seit 1849 C. Ahrens, ab 1867 F. Burmeister, ab 1871 C. Lange und von 1877 bis 1885 G. Kindler. Bis 1884 wurde der erste Raddampfer Rostocks nur noch im Bugsierdienst und in der Schiffsbergung beschäftigt. In Rostock erfolgte 1885 der Abbruch des Schiffes.

STRALSUND

Dampfschiffahrts-Verein Stralsund, Stralsund
Bauwerft: A. & R. Hoppes, Newcastle /
36 alte preußische Normallast (46,8 tdw) /
2 Dampfmaschinen / 55 PS /
ca. 7,5 kn /
2 Seitenräder /
Passagiere: 150 /
Besatzung: 8

Stralsunder Reeder und Kaufleute gründeten 1840 einen Dampfschiffahrts-Verein für Stralsund und die benachbarten Häfen. Das Ziel des Vereins für Stralsund bestand darin, ein Dampfschiff in Dienst zu stellen und eine Dampfschiffsverbindung mit Stettin aufzunehmen. Gleichzeitig sollten mit diesem Dampfschiff auch Segelschiffe bugsiert werden. Der Auftrag für den Bau des Schiffes ging an die Schiffbaumeister A. & R. Hoppes nach New-castle an der Tyne und an den Maschinenbaumeister John Dunn Marshall in South-Shields. Am 8. Februar 1841 lief das auf den Namen STRALSUND getaufte Dampfschiff vom Stapel. Nachdem das hölzerne Schiff verkupfert war, lief es am 5. Mai 1841 zur ersten Probefahrt aus. Am 19. Mai 1841 verließ das Dampfschiff mit einer Stralsunder Besatzung und einem auf drei Monate verpflichteten englischen Maschinenmeister an Bord Newcastle mit Kurs auf Stralsund. Wegen Kohlenmangels lag die STRALSUND am 23. Mai 1841 in Helsingör fest und erreichte deshalb nicht, wie geplant, am 23. Mai 1841 den Stralsunder Hafen. Erst am Vormittag (Montag) des 24. Mai 1841 machte das Schiff in Stralsund fest. Nach einigen Probefahrten im Stralsunder Hafen ging die STRALSUND am Tag ihrer Ankunft gegen 14.00 Uhr neben ihrem Kohleschiff, dem Wrack des Seglers DIANA, vor An-

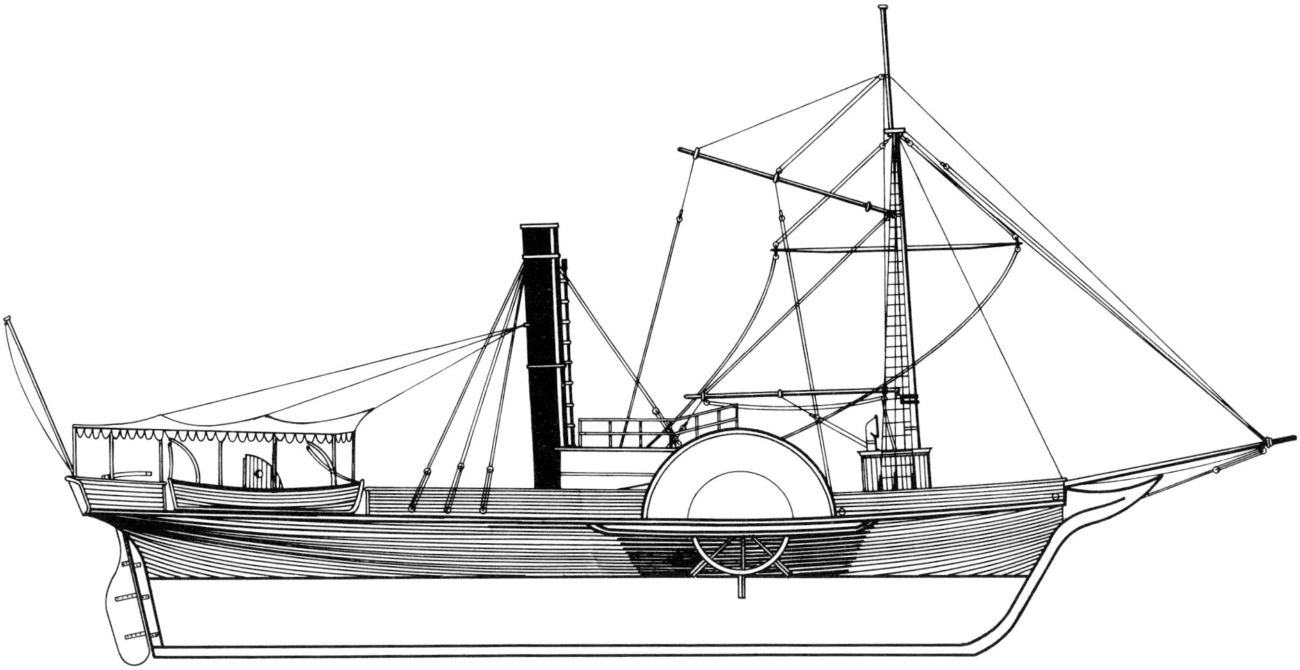

Ansicht der STRALSUND nach einer Lithographie.   Foto: Kulturhistorisches Museum Stralsund

ker. Am 29. Mai 1841 lief sie erstmals zu einer größeren Probefahrt aus und bugsierte dabei ein Segelschiff. Die erste Fahrt mit Passagieren begann am 31. Mai 1841 um 6.00 Uhr in Stralsund, führte nach Putbus und endete gegen 21.00 Uhr wiederum in Stralsund. Am 3. Juni 1841 wurde die Dampferlinie Stralsund–Stettin eröffnet, auf der die STRALSUND zweimal wöchentlich verkehrte.

Neben Fahrten nach Putbus standen Fahrten bis nach Travemünde im Angebot. Bis Ende Juni 1841 machte die STRALSUND 18 Tagesfahrten und beförderte dabei 630 Personen. Sie bewährte sich auf See im flachen Wasser im Bugsier- wie auch im Passagierdienst. Auf große Bequemlichkeit für die Passagiere war beim Bau des Dampfers allerdings nicht Rücksicht genommen worden. Es gab nur einige kleine Kajüten und einen Raum für Gepäck unter Deck. Tagesfahrten sowie der Bugsierdienst blieben für das Schiff bestimmend. Bis 1850 blieb der Dampfer im Besitz des Dampfschiffahrts-Verein. Unter seiner Regie unternahm er noch viele Linienfahrten, aber auch sogenannte Lustfahrten »Rund-um-Rügen« und Fahrten in See. 1850 verkaufte der Stralsunder Dampfschiffahrts-Verein aus heute nicht mehr zu ermittelnden Gründen den Raddampfer an den Stralsunder Reeder A. T. Kruse. Danach wurden der Reeder J. H. Bartels, ebenfalls aus Stralsund, und ab 1857 die Firma F. A. Spalding & Sohn, Stralsund, Eigner des Dampfers. Das erste Passagier-Dampfschiff unter Stralsunder Flagge wurde 1859 abgebrochen.

HELGOLAND (I)

Johann Cesar Godeffroy & Sohn, Hamburg
Bauwerft: Caird & Co., Greenock in Schottland /
98 Commerzlasten / 141 Fuß Länge /
21,2 Fuß Breite / 240 PS / 15 Meilen/h /
2 Seitenräder /

Passagiere: ca. 180 /
Besatzung: ca. 8–10

Mit dem Einsatz des eisernen Seitenraddampfers HELGOLAND, der am 31. Mai 1854 in der schotti-

Die HELGOLAND, noch mit einer vollständigen Dreimastschonertakelung, im Einsatz auf der Nordsee.
Foto: Altonaer Museum Hamburg

schen Stadt Greenock vom Stapel lief, begann in der deutschen Seebäderschiffahrt ein neuer Abschnitt. Dieses erste Dampfschiff mit dem Namen HELGOLAND war gegenüber den kleineren, aus Holz gebauten Dampfschiffen vom Typ PATRIOT und HENRIETTE nicht nur größer, sondern es benötigte für die Reise zwischen Hamburg und Helgoland auch weitaus weniger Zeit. Dauerte die Überfahrt mit den hölzernen Schiffen etwa 14 Stunden, so schaffte es die HELGOLAND in der halben Zeit. Auch sonst war an diesem Dampfschiff vieles neu. Die beiden Schornsteine standen beispielsweise, nicht wie sonst üblich, nebeneinander, sondern hintereinander.

Wurde vorher kaum auf einen besonderen Reisekomfort geachtet, konnten sich die Passagiere der HELGOLAND bereits in bequemen Salons aufhalten. Den Damen war eine spezielle, separate Kajüte vorbehalten. Außerdem konnten die Fahrgäste einen Speisesaal und ein Lesekabinett in Anspruch nehmen. Bis zum Verkauf des Dampfers 1863 blieb die HELGOLAND im Dienst zwischen Hamburg und Helgoland im Einsatz. Umbenannt in RACCON verließ der Seitenraddampfer am 2. März 1863 seinen bisherigen Heimathafen in Richtung Großbritannien. Die neuen Eigner beschäftigten den Dampfer an der britischen Küste überwiegend zum Bugsieren von Segelschiffen.

PRINCESS ROYAL VICTORIA

J. F. Braeunlich, Stettin
Bauwerft: Stettiner Maschinenbau AG »Vulcan«, Bredow bei Stettin / Baunummer: 14 /
68 alte Preußische Normallasten /
41,10 m Länge / 5,40 m Breite /
1 Dampfmaschine / 200 PS / 6,0 kn /
2 Seitenräder / Besatzung: 8

Die für den Passagier-, Fracht- und Schleppdampferdienst vorgesehene PRINCESS ROYAL VICTORIA lief 1857 in Grabow bei Stettin vom Stapel. Die Reederei J. F. Braeunlich setzte den Seitenraddampfer vorerst auf Oder und Oderhaff zwischen Stettin und Swinemünde ein. 1862 wurde der Dampfer als Nummer 199 in das Stettiner Schiffs-

Kapitänsbild der PRINCESS ROYAL VICTORIA.   Foto: Schiffahrtsmuseum Rostock

register eingetragen. Ein Jahr später folgte eine Neuvermessung auf 21 Preußische Normallasten. Die PRINCESS ROYAL VICTORIA blieb auch nach der Gründung der Stettiner Dampfschiffs-Gesellschaft J. F. Braeunlich 1897 auf den Namen von J. F. Braeunlich eingetragen. Seit etwa 1900 wurde das Dampfschiff auch entlang der Ostseeküste beschäftigt. 1901 erwarb die 1870 gegründete Stettiner Reederei Wilhelm Kunstmann den Dampfer. Seit dieser Zeit gibt es über den Einsatz des Schiffes nur noch wenige Angaben. Nach Informationen des vermutlich besten Kenners der Stettiner Schiffahrt, Herrn Kurt Pittelkow, soll das Schiff nach dem Ankauf nicht wieder in Dienst gekommen sein. Im Register des Germanischen Lloyd von 1903/04 bzw. in Lloyds Register ist dagegen ein Dampfschiff NORDLAND ex PRINCESS ROYAL VICTORIA aufgeführt, das als Passagierschiff bis 1910 in Besitz der Reederei W. Kunstmann, Stettin, war. Sicher ist, daß der Dampfer bereits ab 1902 kein Seeschiff mehr war. Der endgültige Verbleib ist unklar.

MISDROY

J. F. Braeunlich, Stettin
Bauwerft: Stettiner Maschinenbau AG »Vulcan«, Bredow / Baunummer: 19 /
21 Preußische Normallasten /
38,65 m Länge / 5,06 m Breite /
1 oszyllierende Zwillingsmaschine / 160 PS /
2 Seitenäder /
Besatzung: 7

Der Seitenraddampfers MISDROY lief 1859 vom Stapel und wurde für den Einsatz als Passagier-, Fracht- und Schleppdampfer am 1. Dezember des gleichen Jahres bei der Stettiner Reederei J. F. Braeunlich in Dienst gestellt. Das Dampfschiff war bis 1862 im Bäderdienst entlang der Küste Usedoms und Wollins und im Oderhaff in Fahrt. Von 1862 bis 1869 nicht mehr als Seeschiff registriert, wechselte die MISDROY während dieser Zeit mehrmals den Besitzer. 1869 wurde sie mit 21 Preußischen Normallasten neu vermessen. Die Reederei J. F. Braeunlich erwarb 1874 das Schiff zurück und beschäftigte es erneut im alten Fahrtgebiet. Nach dem Verkauf 1900 an Wilhelm Kunstmann, Stettin, war das Dampfschiff im Passagier-

Die MISDROY auf der Oder um 1860.   Foto: Sammlung Autor

verkehr zwischen Stettin und Cammin (Wollin) und dem Seebad Zinnowitz (Usedom) im Einsatz. In den letzten Dienstjahren wurde der Raddampfer überwiegend im Passagierdienst zwischen Stettin und Misdroy beschäftigt. Wilhelm Kunstmann verkaufte die MISDROY 1911 zum Abbruch.

WOLLINER GREIF

J. F. Braeunlich, Stettin
Bauwerft: Möller & Holberg, Grabow bei Stettin /
Baunummer: 19 /
14 Preußische Normallasten (28 tdw) /
39,68 m Länge / 4,92 m Breite /
1 Dampfmaschine / 165 PS /
ca. 6 kn / 2 Seitenräder /
Passagiere: 250 /
Besatzung: 8

Der 1864 in Grabow bei Stettin vom Stapel gelassene Seitenraddampfer WOLLINER GREIF trat 1865 für den Auftraggeber, den Stettiner Reeder J. F. Braeunlich, die erste Fahrt an. Der kleine eiserne Passagierdampfer verkehrte nach seiner Indienststellung zwischen Stettin und Swinemünde, aber auch zu den Häfen des östlichen Oderhaffs. Ende der 60er Jahre des 19. Jahrhunderts verkaufte Braeunlich den Dampfer an den Stettiner Friedrich David Manthey. Ab 1868 hatte Kapitän

Die WOLLINER GREIF als GREIFSWALD der Saßnitzer Dampfschiffsgesellschaft m. b. H.   Foto: Max Dreblow

J. F. Borck das Kommando über den Dampfer. Ab 1875 war Franz Küster aus Kalkofen auf der Halbinsel Wollin Eigner des Raddampfers, der 1881 über 94 BRT verfügte. Zwar weiterhin in Wollin registriert, wurde der Dampfer ab 1886 Eigentum von Robert Meyer aus dem Stettiner Ortsteil Grünhof. August Krüger aus Wollin, der den Dampfer 1901 erwarb, ließ ihn völlig umbauen. Dabei erhielt die WOLLINER GREIF eine Compound-Dampfmaschine mit einer Leistung von 190 PS. August Krüger fand aber bereits 1902 in Kapitän P. Friers aus Swinemünde einen Käufer für den Dampfer. Dieser verkaufte die WOLLINER GREIF im darauffolgenden Jahr nach Crampas auf Rügen (gehört heute zu Saßnitz). Seitdem waren Kapitän A. Dinse & Marie Galitz aus Crampas neue Eigentümer des Schiffes. Die neuen Besitzer setzten den Seitenraddampfer als ARKONA von Saßnitz aus auf der Ostsee ein. 1913 waren im Schiffsregister als Eigner der ARKONA C. Galitz & A. Dinse, Saßnitz, eingetragen.

Diese verkauften die ARKONA, welche neben dem Einsatz als Passagierdampfer auch als Schleppdampfer diente, am 23. August 1915 an Ernst Mohrmann nach Greifswald, der es am 27. August 1915 in GREIFSWALD umbenannte. Am 12. Dezember 1918 erwarb die offene Handelsgesellschaft W. Kunstmann, Stettin, den Dampfer. Doch bereits 1919 wurde der Dampfer an die Saßnitzer Dampfschiffsgesellschaft m.b.H., Saßnitz, verkauft. Von Saßnitz aus kam der Seitenraddampfer überwiegend für Kurzfahrten, vor allem zum Königsstuhl, zum Einsatz. Im Besitz des Saßnitzer Unternehmens blieb der schon betagte Seitenraddampfer nur bis 1922. Das weitere Schicksal der alten GREIFSWALD ist recht widersprüchlich in den Quellen angegeben. Am wahrscheinlichsten scheint der Verkauf nach Schweden im Herbst 1922 zu sein. Zeitungsmeldungen ist zu entnehmen, daß der Raddampfer zuletzt dem Spritschmuggel diente und etwa 1924 vor Stömsand (Norwegen) gestrandet ist.

HERTHA (I)

Heinrich Israel, Stralsund
Bauwerft: Möller & Holberg, Grabow bei Stettin /
Baunummer: 18 /
33 neue Preußische Normallasten (68 BRT) /
32,50 m Länge ü. a. / 7,80 m Breite /
1 Zwillings-Dampfmaschine / 100 PS /
2 Seitenräder /
Passagiere: ca. 110 /
Besatzung: 6

Der als Binnenschiff gebaute, noch mit Schonertakelage versehene eiserne Seitenraddampfer HERTHA wurde 1864 in Grabow bei Stettin fertiggestellt. Auftraggeber und Eigner war der Stralsunder Korrespondent-Reeder Kommerzienrat Heinrich Israel. Mit der HERTHA wurde 1865 der Personen- und Frachtverkehr von Stralsund über Schaprode–Wittower Fähre–Breege und Polchow eröffnet, an dem sich auch das Konkurrenzunternehmen C. A. Beug aus Stralsund beteiligte.

Die HERTHA war gleichzeitig der erste Liniendampfer zwischen der Insel Rügen und Hiddensee sowie zwischen Stralsund und Hiddensee. Der Dampfer lief die Insel Hiddensee von Breege (Rügen) und von Stralsund aus an. Reisende, welche die Insel Hiddensee besuchen wollten, mußten sich bei der Fährinsel aus- und einbooten lassen. Nach dem Tode Heinrich Israels 1877 übernahm der Stralsunder Kaufmann und Ratsherr Leopold von Seeckt, der gleichzeitig Korrespondent-Reeder für den Postdampfer OSKAR geworden war, das Unternehmen, das jedoch schon 1887 an den aus Breege stammenden Kapitän Albert Klickow ging. Wie sein Vorgänger war auch Albert Klickow ein erfahrener Schiffsführer, unter dessen Kommando von 1876 bis 1885 die Stralsunder Brigg HULDA gesegelt war. Die HERTHA blieb bis zum Abbruch etwa um 1893 zwischen Stralsund, Hiddensee und Rügen mit Heimathafen Stralsund im Einsatz.

Raddampfer HERTHA im Stralsunder Hafen um 1870.

Foto: Stadtarchiv Stralsund

CUXHAVEN

Hamburg-Amerika Linie, Hamburg
Bauwerft: Caird & Co., Greenock (Schottland) /
402 BRT / 67,6 m Länge / 6,80 m Breite /
1 Compound / 600 PS / 15,0 kn /
2 Seitenräder /
Passagiere: 800 /
Besatzung: 14

Es war vorgesehen, daß aus dem für damalige Zeiten schon recht großen Seitenraddampfer der Blockadebrecher HERALD werden sollte. Dafür war er von den verbündeten Südstaaten von Nordamerika in Auftrag gegeben worden. Der Dampfer wurde am 17. August 1864 vom Stapel gelassen und im gleichen Jahr fertiggestellt. Es kam jedoch nicht zur Ablieferung, denn die Beendigung des Sezessionskrieges in Nordamerika wurde auch zum Ende der 1861 gebildeten Konföderierten Staaten von Amerika, die die HERALD in Auftrag gegeben hatten. Die schottische Reederei Steward aus Glasgow kaufte den unweit von Greenock aufliegenden Raddampfer und nannte ihn in HATTIE um. Nach Deutschland gelangte der als »Schnellläufer« bezeichnete Dampfer (15 Knoten) im Januar 1866 nach dem Ankauf durch die Hapag, die ihn als CUXHAVEN 18 Jahre lang unter der Kontorflagge der Hamburg-Amerika Linie im Helgoland-Dienst und als Tender in Fahrt brachte. Erst 1884 verkaufte die Hapag den Dampfer an die Cuxhaven-Unterelbe'sche Eisenbahn-Gesellschaft,

Der Raddampfer CUXHAVEN nach 1866.   Foto: Hapag-Lloyd AG

Cuxhaven. Neuer Besitzer wurde 1890 Ballin's Dampfschiff-Rhederei Gesellschaft in Hamburg. Der Dampfer wurde ohne Änderung des Namens in die Reederei Ballin & Braeunlich für den

Dienst Stettin – Zinnowitz (Usedom) eingesetzt. Der Dampfer strandete am 24. Juli 1891 auf dem Vineta-Riff zwischen Zinnowitz und Koserow und sank. Dabei mußten drei Menschen ihr Leben lassen.

BLITZ

Kapitän Wettering, Rostock
Bauwerft: Maschinenbauanstalt und Schiffswerft von Albrecht Tischbein, Rostock /
22,86 m Länge ü. a. / 3,35 m Breite /
1 Dampfmaschine / 16 PS (nominell) /
1 Schraube

Der kleine eiserne Schraubendampfer BLITZ wurde im März 1865 von Kapitän Wettering aus Rostock bei der Schiffswerft von A. Tischbein in Auftrag gegeben. Die BLITZ lief am 27. Juni 1865

in Rostock vom Stapel und konnte bereits einen Monat später an den Auftraggeber abgeliefert werden. Für lange Zeit blieb die BLITZ jedoch nicht in Rostock, denn bereits im August 1865 wurde sie für 6 500 Taler nach Wismar verkauft. Am 29. August 1865 machte der Dampfer erstmalig in seinem neuen Heimathafen fest. Neue Eigner waren nun die Gebrüder Rohrdanz aus Wismar. Die neuen Besitzer beschäftigten das Schiff nach einem Umbau zum Passagierdampfer zwischen Wismar und dem Seebad Wendorf sowie gelegentlich auch

Die BLITZ auf dem Salzhaff vor Alt Gaarz.
Foto: Sammlung Autor

über das Salzhaff nach Alt Gaarz (Rerik). Von 1870 bis 1872 gehörte die BLITZ dem Kapitän Joachim Evers, Wismar. Kapitän Evers ließ 1872 den Dampfer umbauen und modernisieren. Danach erhielt er von Helmut Graf von Moltke, dem preußischen Generalfeldmarschall, die Erlaubnis, seinen Dampfer in GRAF MOLTKE umzubenennen. Auch unter diesem Namen blieb der Dampfer noch im Passagierverkehr in Fahrt. Außerhalb der Sommersaison diente er zum Bugsieren und Einschleppen von Segelschiffen. 1886 ließ Kapitän Evers den Dampfer zum Leichter umbauen, da durch den hohen Kohlenverbrauch sich der Einsatz des Schiffes nicht mehr rentierte. Der Leichter wurde 1900 von den Poeler Schiffern Peter und Paul Steinhagen erworben. Die neuen Eigner setzten den Leichter im Schlepp ihrer Passagierdampfer für den Transport landwirtschaftlicher Erzeugnisse von der Insel Poel nach Wismar ein. Etwa um 1939 wurde der Leichter aus der Fahrt genommen und abgewrackt.

DITMARSIA

P. F. Petersen, Brunsbüttel
Bauwerft: Norddeutsche Schiffbau A. G., Gaarden /
Baunummer: 37 / 84 BRT /
27,61 m Länge / 5,28 m Breite /
1 Compound / 100 PS /
1 Schr. /
Passagiere: 180 /
Besatzung: 7

Der eiserne Dampfer DITMARSIA lief 1871 in Gaarden bei Kiel vom Stapel. Der erste Eigner, Kapitän P. F. Petersen, setzte das als Personen- und Schleppdampfer gebaute Schiff auch zur Beförderung von Stückgütern ein. Der Dampfer wechselte in der Folgezeit wiederholt den Besitzer. Ab 1882 war Sartori & Berger in Kiel der Eigner, der dem Dampfer den Namen FALKE gab.

Die DITMARSIA als FALKE im Hiddensee-Verkehr.   Foto: Sammlung Autor

Ebenfalls unter diesem Namen war das Schiff von 1896 bis 1910 für Kapitän Robert Wilhelm Gustav Krohn in Wismar eingetragen, der mit dem Dampfer in der Sommersaison verschiedene Ausflugsfahrten ab Wismar durchführte. Die häufigsten Reiseziele waren die Ostseebäder Brunshaupten (Kühlungsborn) und Arendsee. Außerhalb der Saison diente der Dampfer auch als Schlepper. 1910 kaufte der Wismarer Schiffsmakler Hermann Kasten die FALKE und ließ sie in Wismar umbauen. Danach war der Dampfer für 89,76 BRT vermessen. Der neue Eigentümer beschäftigte den Dampfer weiterhin auf den alten Routen, erweiterte diese jedoch als »Ostseebäder-Linie« bis nach Boltenhagen in westlicher Richtung und nach Warnemünde in östlicher Richtung. Zwei Jahre später wurde der Dampfer vom Schiffer Gustav Bentzien aus Wiek angekauft. Bereits 1892 hatte Bentzien die neue Dampferverbindung Wiek – Stralsund eröffnet. Im Sommer lief er mit seinem Dampfer CAPRIVI auch den Hafen Kloster auf Hiddensee an. Nachdem Bentzien in Vitte eine neue

Anlegestelle gebaut hatte, wurde auch dieser Ort in sein Fahrtenprogramm aufgenommen. Dampfer FALKE fuhr werktags um 7.00 Uhr in Wiek auf Rügen ab, legte 8.15 Uhr in Vitte an und erreichte laut Fahrplan um 10.30 Uhr den Hafen Stralsund. Um 15.15 Uhr ging es von Stralsund über Vitte wieder nach Wiek zurück, wo das Schiff gegen 18.30 Uhr festmachte. Während des ersten Weltkriegs ging der Ausflugsverkehr zur Insel Hiddensee merklich zurück. Die Reederei setzte den Dampfer nun vorrangig zu der neu entstandenen Seefliegerstation Bug ein. Bentzien verkaufte zusammen mit allen Schiffen und Anlagen 1917 seine Reederei an Carl Wothke nach Stralsund, der das Unternehmen unverändert weiterführte. Die FALKE wurde 1917 von der Kaiserlichen Marine in Dienst gestellt.

Nicht sicher ist, ob der Dampfer als Fahrzeug der Kriegsmarine oder als in Geestemünde beheimatetes Fischereifahrzeug mit dem Kennzeichen PG 235 am 27. Dezember 1918 in der Nordsee gesunken ist.

HELGOLAND (II)

Hamburg-Amerika Linie, Hamburg
Bauwerft: Motala Mekaniska Verkstad A. B. /
618 BRT / 68,6 m Länge / 8,4 m Breite /
1 Compound / 800 PS / 12 kn /
2 Seitenräder /
Passagiere: 600 /
Besatzung: 14

Der Seitenraddampfer wurde als SVEA für ein schwedisches Unternehmen 1858 fertiggestellt. Das britische Schiffahrtsunternehmen Henderson in London kaufte 1860 den Dampfer und nannte ihn in IXION um. Im August 1872 gelangte der Seitenraddampfer in den Besitz der Hapag. Diese Hamburger Reederei gab dem Dampfer den Namen HELGOLAND. Damit besaß die Hapag zwei Dampfer mit diesem Namen. Der erste Dampfer mit dem Namen HELGOLAND lief 1866 vom Stapel und wurde 1872 in BLANKENESE umbenannt. Unter der Flagge der Hamburg-Amerika Linie befand sich die HELGOLAND bis 1875 zwischen Hamburg und Helgoland in Fahrt. Danach wurde sie aufgelegt. Am 28. Mai 1879 übernahm die Firma Schweffel & Howaldt, die in Kiel ihren Sitz hatte, das Schiff. Der Seitenraddampfer hatte nach einem Umbau, der 1884 vorgenommen wurde, zwei Schornsteine und eine Vermessung von 729 BRT. Der Dampfer, der 1886 als CATTARO nach Triest, Österreich-Ungarn, verkauft wurde, wechselte dort nochmals den Besitzer, u. a. 1897 als NAPOLI der Soc. Napoletana de Nav. a. Vop., Neapel, und kam 1913 zum Abbruch.

Die zweite HELGOLAND zwischen 1872 und 1875. Foto: Hapag Lloyd AG

DELPHIN

Wachsmuth & Krogemann, Hamburg
Bauwerft: Reiherstieg Schiffswerft & Maschinenfabrik, Hamburg /
Baunummer: 305 / 47,29 BRT /
40,96 m Länge / 5,78 m Breite /
1 Compound / 220 PS /

2 Seitenräder /
Passagiere: etwa 500 /
Besatzung: 6

Das Hamburger Schiffahrtsunternehmen Wachsmuth & Krogemann gab den Seitenraddampfer

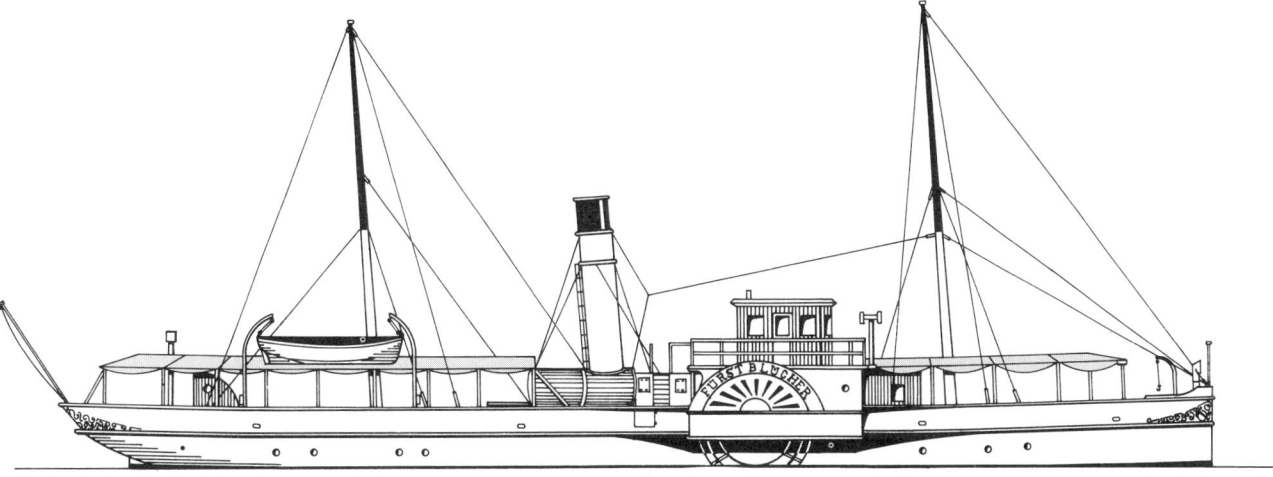

Die DELPHIN als FÜRST
BLÜCHER bei der Ankunft
in Brunshaupten.
Foto: Sammlung Autor

bei der Reiherstiegwerft in Hamburg für die spätere Verwendung als Fährdampfer auf der Linie Hamburg – Harburg in Auftrag. Der eiserne Dampfer wurde 1877 auf den Namen Delphin getauft und konnte 1878 in Dienst gestellt werden.

Genau 17 Jahre später kam der Raddampfer auf der Ostsee zum Einsatz. Der Warnemünder Reeder Franz Rathje hatte ihn aus Hamburg gekauft und setzte ihn, in Fürst Blücher umbenannt, ab 1895 von Warnemünde aus als Seedampfer ein. Der seit 1896 ohne Korrespondent beschäftigte Raddampfer wechselte dann häufig den Eigner. Ab 1896 gehörte er D. Ohlerich, seit 1897 H. Has-selfeld, ein Jahr später H. Papenhagen. Der Warnemünder Kapitän Ewald Möller kaufte 1901 den Raddampfer Fürst Blücher und beschäftigte ihn weiterhin auf der Warnow, wo er für 480 Passagiere zugelassen war und die nahegelegenen Ostseebäder Heiligendamm und Brunshaupten anlief. Die Seebäder hatten damals hölzerne Seebrücken, wo Passagierdampfer festmachen konnten.

Über den Einsatz des Schiffes während des ersten Weltkrieges ist nichts bekannt. Im Jahr 1924 wurde der Dampfer verkauft. Über den weiteren Verbleib gibt es keine Angaben.

GERMANIA (I)

Stettiner Dampfschiffs-Gesellschaft
J. F. Braeunlich, Stettin
Bauwerft: John Elder & Co., Glasgow /
Baunummer: 223 / 1 566 BRT /
84,79 m Länge / 10,69 m Breite /
1 Compound / 3 500 PS /
14,5 kn / 2 Seitenräder /

Passagiere: 280 /
Besatzung: 37

Der Seitenraddampfer wurde im Februar 1877 von der Stoomvaart Maatschappij »Zeeland«, Vlissingen, auf der Werft von John Elder & Co. in Auftrag gegeben. Nach der Taufe in Prinzes Marie lief

Die Germania vor der Seebrücke Göhren 1899.

Foto: Sammlung Autor

am 10. Dezember 1877 in Glasgow das Dampfschiff vom Stapel. Die Auftraggeber beschäftigten den Dampfer nach Fertigstellung auf der Route Vlissingen – Queenborough; die erste Reise begann am 28. März 1878. Auf diesen Fahrten konnte die PRINZES MARIE bei Tagestouren 240 und bei Nachtfahrten 150 Fahrgäste aufnehmen. Auf der Werft von Fairfield Shipbuilding & Engineering Company Ltd., Glasgow, erhielt das Schiff 1898 neue Dampfkessel. Als PRINZES MARIE war der Seitenraddampfer im Sommer 1896 in Charter für das Hamburger Unternehmen Albert Ballins im Einsatz. Unter der Flagge des Deutschen Reiches wurde die PRINZES MARIE im Elbe-Helgoland-Dienst beschäftigt. Im Dezember 1898 kaufte die Stettiner Dampfschiff-Gesellschaft J. F. Braeunlich den Dampfer und stellte ihn, umbenannt in GERMANIA, im darauffolgenden Jahr als Fahrgastschiff in Dienst. Mit Heimathafen Stettin wurde die GERMANIA seit dieser Zeit auf der Ostsee eingesetzt. Das Stettiner Unternehmen beschäftigte den großen Seitenraddampfer vorwiegend im Verkehrsdienst Saßnitz – Trelleborg sowie im Ostseebäderdienst Stettin – Saßnitz. Die GERMANIA übertraf den Schraubendampfer IMPERATOR um 515 BRT. Sie verfügte über 12 Feuerstellen und 4 zylindrische Röhrenkessel. Von 1898 bis 1902 war der Seitenraddampfer beim Germanischen Lloyd klassifiziert. Nach der Indienststellung des Doppelschrauben-Dampfers ODIN im Mai 1902 und seinem Einsatz auf der Route, auf der auch die GERMANIA in Fahrt war, verkaufte die Stettiner Reederei den alten Seitenraddampfer zum Abbruch.

FORELLE

Norddeutscher Lloyd, Bremen (NDL)
Bauwerft: Bremer Vulkan Schiffbau- und
Maschinenfabrik, Vegesack /
298 BRT / 61,3 m Länge / 13,80 m Breite
auf Radkästen gemessen /
1 Dampfmaschine / 560 PS /
ca. 14 kn / 2 Seitenräder /
Passagiere: 442 / Besatzung: 12

Im Auftrag des Norddeutschen Lloyd Bremen lief 1881 der eiserne Seitenraddampfer FORELLE vom Stapel. Es war das erste Schiff des später fast schon legendären »Fischgeschwaders« auf der Weser, zu denen die Raddampfer HECHT, LACHS und DELPHIN gehörten. Die Reederei unterhielt mit diesen Dampfern den Dienst Bremen – Bremerhaven und setzte sie auch im Seebäderdienst ein. Der NDL verkaufte 1915 den Seitenraddampfer FORELLE an den Schiffahrtskaufmann Bernhard Wilhelm Riedemann in Bremen, da die Reederei in dieser Zeit ihre Fahrgastschiffahrt nur noch auf Fahrten zu den Nordseebädern und Helgoland konzentrieren wollte. Sie sah hier die besseren Gewinnchancen. Die Fahrgastschiffahrt auf der Niederweser gab der NDL auf. Mit der FORELLE und weiteren Schiffen, wie dem Dampfer PETERSEN, wollte Riedemann einen Dienst von Bremen nach Vegesack und Blumenthal einrichten. Diese Pläne scheiterten jedoch am Kohlenmangel für die Dampfschiffe. 1920 gründete Riedemann mit anderen Unternehmen die Weser-Verkehrs GmbH. 1925 wurde der Raddampfer FORELLE an Cornelius Hinders Boer verkauft, der 1924 das Erbe der Weserfahrt GmbH angetreten hatte. Die Schiffe von Boers eigenem Unternehmen, der Weser-Passagier-Dampfer-Reederei, Bremen, liefen auf der Route Bremen – Vegesack. Die FORELLE soll in dieser Zeit den Namen STRANDLUST getragen haben. Der erbitterte Konkurrenzkampf mit den Unternehmen von Wilhelm Bittner und Bernhard Wilhelm Riedemann, aber auch die unglückliche Führung der Firma durch Boer waren die Gründe für den Konkurs der Reederei im August 1925. Der Seitenraddampfer STRANDLUST ging 1926 durch Verkauf an die Gebrüder Schreiber, Bremen. Seit dieser Zeit wurde der Dampfer wieder unter dem ursprünglichen Namen FORELLE geführt. Vom früheren Freihafen I, dem heutigen Europahafen in

Die FORELLE am Schiffsanleger in Blumenthal an der Niederweser 1928.

Foto: Staatsarchiv Bremen

Bremen, machte die FORELLE täglich eine Fahrt zwischen Bremen und Bremerhaven über Vegesack, Blumenthal, Farge, Oberhammelwaren, Brake, Dedesdorf und Nordenham. 1932 kaufte die Reichsmarine den Dampfer und setzte ihn in der Zeit von 1933/34 als Zielschiff ein.

KÄTE

Albrecht, Greifswald
Bauwerft: Julius Kesseler, Greifswald /
53 BRT / 24,02 m Länge / 4,13 m Breite /
1 Compound / 70 PS /
ca. 6,5 kn / 1 Schr. /
Passagiere: 244 /
Besatzung: 5

Der kleine Personendampfer KÄTE wurde 1882 bei Julius Kesseler in Greifswald erbaut. Nach Fertigstellung des eisernen Dampfers in der Greifswalder Brinkstraße konnte dieser nicht wie üblich vom Stapel gelassen werden, sondern wurde, wie alle Schiffe der Bauwerft, auf großen Rollwagen quer durch die Stadt befördert, um dann mittels einer besonderen Vorrichtung am Ryck dem nassen Element übergeben zu werden. Nach der Indienststellung 1882 beschäftigte der Auftraggeber Albrecht die KÄTE von Greifswald und Wieck aus zu den nahen Seebädern Rügens, nach Stralsund und Wolgast. Gelegentlich war aber auch Anklam das Reiseziel des Dampfers. Etwa seit 1905 gehörte die KÄTE dem Reederei- und Speditionsunternehmen C. Faust junior mit Sitz in Stralsund und Greifswald. Mit Heimathafen Stralsund bediente der Seebäderdampfer zweimal wöchentlich die Linie Stralsund-Greifswald-Lauterbach-Baabe-Lauterbach-Greifswald. Mittwochs und samstags fuhr die KÄTE von Greifswald nach Stralsund und dann wei-

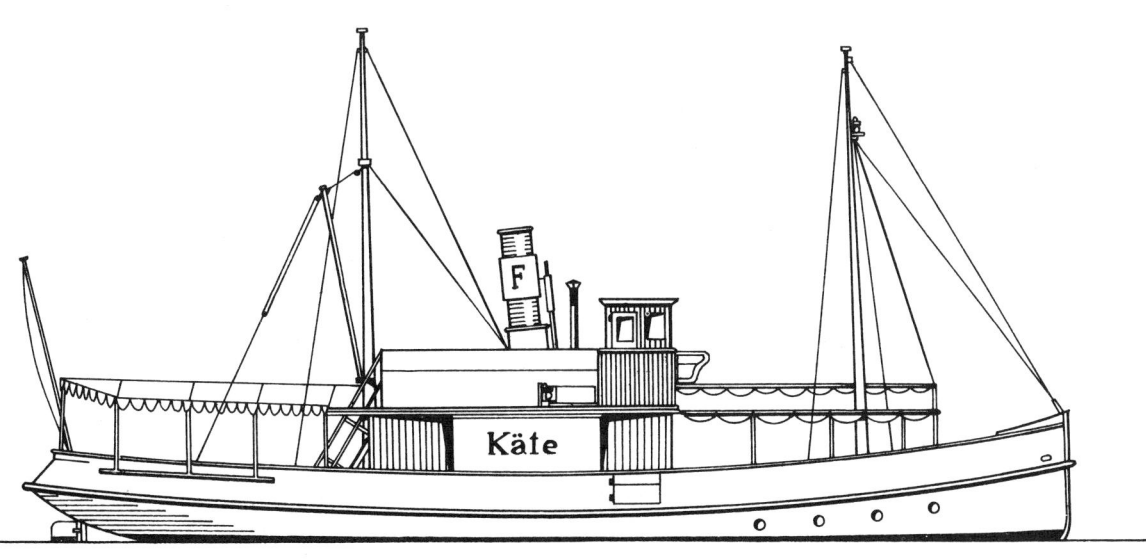

Die Käte im Einsatz der Reederei C. Faust junior.   Foto: Sammlung Autor

ter nach Kloster auf Hiddensee. Von Kloster kommend legte das Schiff dann am Abend in Stralsund an. Neben dieser Art Liniendienst wurde die KÄTE auch für Boddenfahrten eingesetzt. Über den Umbau des Schiffes im Jahre 1907 sind keine näheren Angaben vorhanden. 1917 wurde der Dampfer für 26 000 Reichsmark Eigentum der Saßnitzer Dampfschiffsgesellschaft m. b. H., Saßnitz. Diese Reederei hatte den Dampfer als PUTBUS gekauft und benannte ihn in MÖVE um. Bis 1929 blieb nun Saßnitz der Heimathafen des Dampfers, der oft für Fahrten von Saßnitz über Thiessow nach Wieck und Greifswald beschäftigt war. 1929 soll das Schiff wieder nach Greifswald verkauft worden und als GREIF noch für längere Zeit im Einsatz gewesen sein. Genaue Angaben über diese Zeit und über den Verbleib des Schiffes sind in der Literatur nicht vorhanden.

STRELASUND

Gustav Bentzien, Wiek
Bauwerft: Stettiner AG. (vorm. Möller & Holberg), Grabow /
Baunummer: 137 / 59 BRT /
27,08 m Länge ü. a. / 4,50 m Breite /
1 Compound / 80 PS /
6,5 kn / 1 Schr. / Passagiere: ca. 110 /
Besatzung: 4

Der eiserne Dampfer lief 1883 als PEENE vom Stapel und wurde im gleichen Jahr von der Stettiner Reederei Wilhelm Lüdke & Co. als Frachtdampfer in Dienst gestellt. Die Beförderung von Personen spielte zu jener Zeit eine untergeordnete Rolle. Der Rügener Schiffer Gustav Bentzien kaufte 1906 die PEENE und benannte sie in STRELASUND um. Neuer Heimathafen des Dampfers wurde nun Wiek auf Rügen. Mit dem Ankauf des Schiffes wollte sich Gustav Bentzien größere Anteile im Ausflugsverkehr zwischen Rügen, Hiddensee und Stralsund gegenüber den Unternehmen von Prätz und Busson sichern, mit denen er im harten Konkurrenzkampf stand. Bentzien verkaufte jedoch bereits 1907 den Dampfer STRELA-

Die STRELASUND im Stralsunder Hafen. Foto: Sammlung Autor

SUND an seinen Konkurrenten August Prätz nach Stralsund. Das inzwischen umgebaute Schiff war ab 1906 nur noch mit 58,61 BRT vermessen. Die Reederei Prätz setzte die STRELASUND bis 1923 gemeinsam mit dem Dampfer HIDDENSEE im Linien- und Ausflugsdienst ein. Inzwischen als Salon-Dampfer angepriesen, verkehrte die STRELASUND an den Werktagen von Stralsund über Neuendorf und Schaprode nach Kloster. An Sonntagen gab es zusätzliche Direktverbindungen von Stralsund nach Kloster. Fahrgäste, welche in Neuendorf an der Fährinsel oder in Schaprode das Schiff verlassen wollten, wurden auf eigene Gefahr dort aus- und eingebootet. Gelegentlich setzte die Reederei ihre Schiffe auch für Tagesfahrten auf der Ostsee, zur dänischen Insel Moen, nach Wiek, Breege und zum Seebad Zingst ein. Da sich das Unternehmen Prätz auch mit der Schiffsbergung beschäftigte, wurde die STRELASUND gelegentlich auch als Schlepper benutzt. Auf einer Fahrt von Stralsund nach Kiel, mit einem alten Minensuchboot im Schlepp, erlitt die STRELASUND am 4. Februar 1923 auf der Höhe der Insel Fehmarn bei einem schweren Sturm Maschinenschaden. Der Dampfer strandete, nachdem der Minensucher gesunken war, in der Nähe von Dierhagen bei Neuhaus. Von den Bergungsdampfern HANS und RÜGEN wieder flott gemacht wurde die STRELASUND nach Rostock geschleppt und später verschrottet.

ROTA

Sonderburger Dampfschiffahrts Actien-Gesellschaft, Sonderburg
Bauwerft: Flensburger Schiffbau-Gesellschaft, Flensburg /
Baunummer: 77 / 105 BRT /
28,7 m Länge / 5,6 m Breite /
1 Compound / 160 PS /
ca. 6,5 kn / 1 Schr. /
Passagiere: ca. 285 /
Besatzung: 5–6

Der Sonderburger Fahrgastdampfer ROTA wurde 1885 an die Sonderburger Dampfschiffahrts A. G. abgeliefert und im gleichen Jahr in Dienst gestellt. Die Passagiereinrichtungen des Dampfers bestanden neben den üblichen Plätzen am Oberdeck aus einem Raum für Passagiere II. Klasse im Vorschiff, wo sich auch der Frachtraum befand, und einem kleinen Salon I. Klasse im mittleren Teil des Schiffes. Seit 1897 war der Dampfer für die Vereinigte Flensburg-Ekensunder und Sonderburger Dampfschiffs-Gesellschaft, Sonderburg, registriert und blieb bis Ende der Saison 1915 für diese Reederei in Fahrt. Die Flensburger Förde verließ das Dampfschiff erst 1916, nachdem es durch die Kaiserliche Marine in Dienst gestellt wurde. Die

ROTA diente bis 1918 unter dem Kommando der Kriegsmarine als Hilfsminensucher im Gebiet der Wesermündung. Seit 1921 verkehrte das Schiff unter gleichem Namen, jedoch unter dänischer Flagge für die Sønderborg Dampskibselkab, Sønderborg, denn Nordschleswig wurde 1920 dänisches Gebiet. Im Mai 1935 verkaufte die Reederei den Dampfer an die Aalborger Firma Sören Jensen & Co. zum Abbruch. Der gute Zustand des

Die ROTA unter der Flagge der Vereinigten Flensburg-Ekensunder und Sonderburger Dampfschiffs-Gesellschaft.
Foto: Jansen

Schiffes veranlaßte jedoch eine in Aalborg ansässige Reederei, die ROTA zu kaufen. Seit September 1936 gehörte der Dampfer der A/S »Jecibo«, Aalborg, und blieb nach einem Umbau zum Motor-schiff noch über 10 Jahre in der Ostsee-Küstenfahrt im Einsatz. Am 23. Mai 1947 ging das Schiff nach einem Minentreffer auf der Ostsee auf der Position 56–46′ N 10–59 verloren.

GROSSHERZOG FRIEDRICH FRANZ

Deutsch-Nordischer Lloyd, Rostock
Bauwerft: Ferdinand Schichau, Elbing /
Baunummer: 253 /
165 BRT / ab 1910 263 BRT /
52,3 m Länge / 6,2 m Breite /
1 Compound / 650 PS /
2 Seitenräder / Passagiere: 370 /
Besatzung: 11

Die Werft von Ferdinand Schichau lieferte 1885 den Seitenraddampfer GROSSHERZOG FRIEDRICH FRANZ an den Rostocker Auftraggeber ab. Vermutlich beschäftigte die Rostocker Reederei den Dampfer im Verkehr auf der Warnow zwischen Rostock und Warnemünde und zu den benachbarten Seebädern. Umbenannt in SASSNITZ war für einige Jahre Greifswald der Heimathafen des Dampfers. Als Besitzer der SASSNITZ wurde bis 1903 die Greifswalder Reederei August Spruth registriert. Von Greifswald-Wieck aus machte die SASSNITZ Ausflugsfahrten im Bereich des Greifs-walder Bodden, nach Rügen und nach Stralsund. August Spruth annoncierte beispielsweise in der »Stralsunder Zeitung« vom 1. September 1900 eine Sonderfahrt des Salonschnelldampfers SASSNITZ von Göhren über Sellin, Binz, Saßnitz, Stubbenkammer, Rund-um-die-Insel-Rügen mit Anlaufen und dreistündigem Aufenthalt des Kur- und Badeortes Devin bei Stralsund. Der Fahrpreis betrug 4,– Reichsmark, für Kinder die Hälfte. Für gute Küche und Verpflegung an Bord wurde garantiert. Die Reise begann um 8.00 Uhr in Göhren und endete um 21.45 Uhr in Saßnitz. Spruth verkaufte 1904 den Dampfer, und ohne Namensänderung beschäftigte der neue Besitzer, die Altonaer Reederei F. W. C. Lühr, den Seitenraddampfer für kurze Zeit im Unterelbe-Verkehr. Etwa im Jahre 1905 wurde die SASSNITZ von der Reederei Guido Cavallo Hermanos, Montevideo, gekauft. Umbenannt in MALDONADO gelangte der Dampfer nach Uruguay und war dort noch einige Jahre auf dem Rio de la Plata im Einsatz.

Der Seitenraddampfer als SASSNITZ der Reederei August Spruth.
Foto:
Sammlung Löschmann

CRANZ

Memel-Cranzer Dampfschiffs-Gesellschaft, Memel
Bauwerft: Howaldtswerke AG, Kiel /
Baunummer: 126 / 142 BRT /
43,9 m Länge / 4,7 m Breite /
1 Dampfmaschine / 250 PS / 11,5 kn /
2 Seiten-Schaufelräder /
Passagiere: 337 /
Besatzung: ca. 7

Nach der Fertigstellung des Seitenraddampfers CRANZ 1885 in Kiel dampfte dieser in Richtung Memel, seinem zukünftigen Heimathafen. Die Memel-Cranzer Dampfschiffs-Gesellschaft beschäftigte das Passagierschiff im Fahrtgebiet an der Kurischen Nehrung. Die als Salondampfer bezeichnete CRANZ war vor allem von Memel aus in Richtung Cranz unterwegs. Dabei bediente sie die Stationen Schwarzort, Nidden, Rossitten und gelegentlich Sarkau im Kurischen Haff. Reiseziel war der Liegeplatz des Raddampfers im Hafen Cranzbeek. Die Besucher des Seebades Cranz hatten dann bis zum Strand nur noch einen kurzen Weg. Die CRANZ legte gelegentlich auch an Häfen der Landseite des Kurischen Haffs an, beispielsweise in Tapiau an der Deime, einem Nebenfluß der Pregel, in Labiau oder fuhr den Russ aufwärts nach Tilsit. Erst um 1920 wurde der Dampfer außer Dienst gestellt. Über den weiteren Verbleib ist nichts bekannt. Sicher ist jedoch, daß die CRANZ bis 1920 nicht den Eigner gewechselt hat.

Die CRANZ nach einer zeitgenössischen Darstellung.   Foto: Sammlung Autor

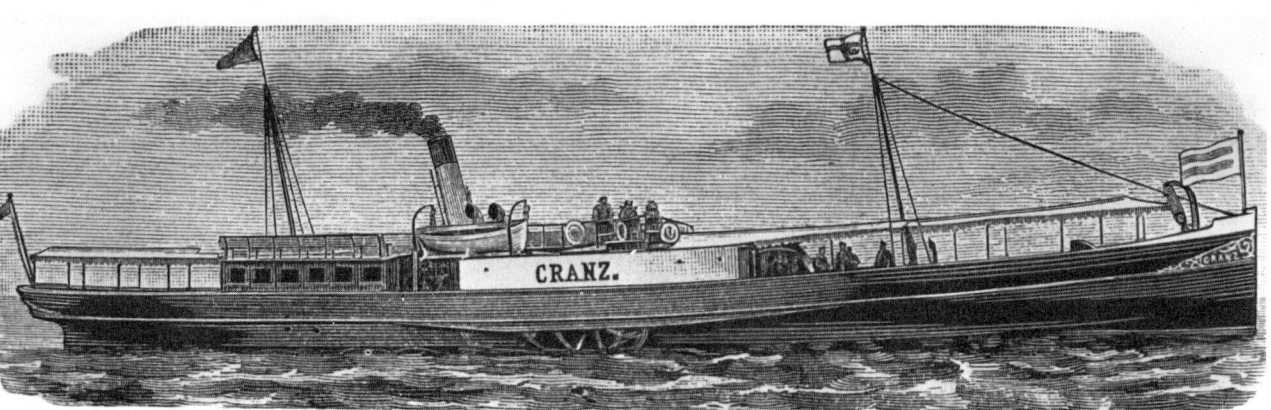

ERNST GÜNTHER

Flensburg-Ekensunder Dampfschiffahrts-
Gesellschaft, Flensburg
Bauwerft: Flensburger Schiffbau-Gesellschaft /
Baunummer: 78 / 144 BRT /
33,3 m Länge / 6,6 m Breite /
1 Compound / 260 PS /
9,5 kn / 1 Schr. /

Passagiere: 532 /
Besatzung: 7

Der auf den Namen des Herzogs von Schleswig-Holstein getaufte Passagierdampfer ERNST GÜNTHER wurde 1885 von der Werft abgeliefert. Das als Salondampfer angepriesene Schiff bot allen Kom-

fort eines Ausflugsschiffes der damaligen Zeit und fand schnell Anklang bei den Fahrgästen. Die Gesellschaft konnte sich über die Auslastung des Dampfers nicht beklagen.

Die ERNST GÜNTHER diente auch als Vorbild für den Bau verschiedener anderer deutscher Küsten-Passagierschiffe, darunter auch für die ALEXANDRA. Der Dampfer verblieb bis zu seiner Außerdienststellung im Linien- und Ausflugsdienst auf den Routen der Reederei im Einsatz. Auch zur Zeit des ersten Weltkrieges konnte der Dampfer für Interessen der Schiffahrtsgesellschaft beschäftigt werden. Die Marine des deutschen Kaiserreiches verzichtete auf den schon recht betagten Dampfer. Für das Schiff wurde 1929 im »Handbuch für die deutsche Handelsmarine« eine Vermessung von 133,3 BRT angegeben. Zur gleichen Zeit war als Eigner die Vereinigte Flensburg-Ekensunder und Sonderburger Dampfschiffs-Gesellschaft, Flensburg, eingetragen und als Korrespondentreeder F. M. Bruhn. Das Schiff blieb noch bis zum Saisonschluß des Jahres 1935 im Einsatz. Die 50 Dienstjahre waren an der ERNST GÜNTHER nicht spurlos vorbeigegangen. Die Eigner verkauften den Dampfer nach der Außerdienststellung zum Abbruch nach Wewelsfleth.

FREIA

Blohm & Voss, Hamburg
Bauwerft: Blohm & Voss, Hamburg /
Baunummer: 44 / 683 BRT /
71,9 m Länge / 8,1 m Breite /
1 Compound / 1600 PS / 11,5 kn /
2 Seitenräder /
Passagiere: 780 /
Besatzung: 18

Nachdem der ursprüngliche Auftraggeber den Bauauftrag für diesen Seitenraddampfer rückgängig gemacht hatte, brachte die Werft diese Bestellung auf eigene Rechnung zum Abschluß. Am 20. Mai 1885 lief der Dampfer als FREIA in Hamburg vom Stapel. Nach erfolgreicher Probefahrt dampfte die FREIA am 18. Juli 1885, vollständig ausgebucht und bereits elektrisch beleuchtet, zum ersten Mal in Richtung Insel Helgoland. Unter einer eigens von Blohm & Voss für die FREIA entworfenen Reedereiflagge lief der letzte hochseefähige deutsche Seitenraddampfer im Liniendienst Hamburg–Helgoland sowie zweimal in der Woche nach Wyk auf Föhr. Nach Abschluß der Saison 1885 setzte Blohm & Voss ihren eigenen Passagierdampfer auf der Fährroute Ostende-Dover ein. In den Wintermonaten 1886/1887 und 1887/1888 lief die FREIA im Liniendienst an der Riviera. In der Sommersaison war der Dampfer zwischen Hamburg und den Nordseeinseln unterwegs. Die Firma Morris & Co., vertreten durch Albert Ballin, versah das Amt des Fahrkartenagenten für die FREIA. Im Jahr 1889 kaufte Albert Ballin den Dampfer von Hermann Blohm. Unter der Flagge von Ballin's Dampfschiff-Rhederei Gesellschaft, Hamburg, sanken die Tarife auf gleicher Route im Vergleich zu denen von Blohm & Voss beträchtlich. Der Stettiner Reeder J. F. Braeunlich kaufte 1896 das Schiff und ließ es innen völlig umbauen.

Die FREIA im Ostseebäderverkehr.

Foto: Muzeum Rybałówstwa Morskiego, Świnoujście

Mit 858 BRT neu vermessen, lief der Dampfer unter gleichem Namen unter Braeunlich-Flagge im Seebäderdienst (Stettin–Swinemünde–Ahlbeck–Heringsdorf–Bansin–Zinnowitz–Binz–Saßnitz) und ab 1898 gelegentlich auch auf der Route Saßnitz–Trelleborg.

1920 wurde die FREIA mit 833 BRT neu vermessen, 1929 abgebrochen.

FLORA

August Zedler, Elbing
Bauwerft: L. Smit & Zoon,
Kinderdijk (Niederlande) /
115 BRT / ca. 37 m Länge / ca. 6 m Breite /
2 Dampfmaschinen / 230 PS / 9,5 kn /
2 Seitenräder /
Passagiere: ca. 370 /
Besatzung: 9
(technische Daten beziehen sich auf die Zeit nach dem Umbau)

Das Schiff wurde 1885 als Seitenraddampfer in Kinderdijk erbaut. Über den Auftraggeber und den Einsatz des Dampfers aus der Zeit nach der Indienststellung bis 1905 sind keine Angaben vorhanden. Sicher ist dagegen, daß 1905 der Reederei-Unternehmer August Zedler aus Elbing den Seitenraddampfer kaufte und als FLORA in Fahrt brachte. Der Passagierdampfer mit zwei Schornsteinen wurde von Elbing nach Kahleberg und für Ausflugsfahrten auf dem Frischen Haff beschäf-

Der Dampfer FLORA (im Vordergrund) an der Dampferanlegestelle in Elbing.   Foto: Sammlung Dr. Achim Borchert

tigt. Es ist nicht bekannt, daß die FLORA während des ersten Weltkrieges im Dienst der Kaiserlichen Marine stand. Nach einer Modernisierung des Dampfers im Winter 1919/20 konnte Zedler zu Beginn der Saison 1920 die FLORA als Doppelschraubendampfer für Fahrten ab Elbing zum Einsatz bringen.

Bis 1939 war die FLORA zwischen Elbing und Kahlberg im Einsatz. In den Kriegswirren gelangte das Schiff in den Raum Hamburg, wo es ab 1946 in Charter der HADAG noch als FLORA beschäftigt war. Die genaue Einsatzdauer ist nicht bekannt. Kurze Zeit war auch Lübeck Heimathafen. 1955 wurde das Schiff abgewrackt.

AUGUSTA

Leerer Dampfschiffahrts-Gesellschaft, Leer
Bauwerft: Jos. L. Meyer, Papenburg /
Baunummer: 32 / 116 BRT /
37,7 m Länge / 5,04 m Breite /
1 Compound / 150 PS /
12 kn / 2 Seitenräder /
Passagiere: 200 /
Besatzung: 8

Im Februar des Jahres 1886 gab die Leerer Dampfschiffahrts-Gesellschaft den Seitenraddampfer AUGUSTA auf der Werft von Joseph Lambert Meyer in Papenburg in Auftrag. Der Dampfer sollte später für Fahrten nach Borkum und Norderney zum Einsatz kommen. Bereits im Mai 1886 vom Stapel gelaufen, konnte die Werft die AUGUSTA am 12. Juni des gleichen Jahres an die Auftraggeber abliefern. Der Seitenraddampfer wurde, wie vorgesehen, für Fahrten zu den Nordseeinseln Borkum und Norderney beschäftigt, wo er sich neben seiner bequemen Ausstattung besonders durch seine Schnelligkeit auszeichnete. Die Flagge der Leerer Dampfschiffahrts-Gesellschaft wehte jedoch nur 15 Jahre auf der AUGUSTA. Die Gesellschaft konnte der Konkurrenz der A. G. Ems aus Emden nicht länger standhalten. Seit 1901 gehörte die AUGUSTA zur Flotte der A. G. Ems. Korrespondent-Reeder des Dampfers war der aus Leer stammende H. Russel. Noch über 20 Jahre dampfte die AUGUSTA zu den ostfriesischen Inseln, vor allem zur Insel Borkum. Erst 1932 erfolgte der Abbruch des Seitenraddampfers.

Der Dampfer AUGUSTA von der Nordseeinsel Borkum zurückkehrend.   Foto: Sammlung Autor

SEEADLER I

Heinrich Mews, Wismar
Bauwerft: Rostocker Schiffs & Maschinenbau AG,
Rostock /
Baunummer: 93 / 140,65 BRT /
30,86 m Länge / 6,28 m Breite /
1 Compound / 250 PS /
9,5 kn / 1 Schr. /
Besatzung: 5

Im November 1887 lief die spätere SEEADLER I als

Fischdampfer BETTY für F. A. Pust aus Rostock (ab 1895 in Geestemünde) vom Stapel. Bis zum ersten Weltkrieg war das Schiff im Fischfang beschäftigt. Während des Krieges diente der Dampfer der Kaiserlichen Marine als Vorpostendampfer bei der Vorposten-Halbflottille-West. Am 29. Januar 1918 erhielt die in Geestemünde ansässige Reederei Pust den Dampfer zur erneuten Verwendung als Fischereifahrzeug zurück. Noch im gleichen Jahr kaufte die ebenfalls in Geestemünde an-

Dampfer SEEADLER I im Hafen von Wismar.   Foto: Sammlung Hans-Günther Wentzel

sässige Reederei W. Schuchmann die BETTY und beschäftigte sie ohne Namensänderung im Fischfang. 1920 gelangte der Fischdampfer nach Hamburg, wo er von J. M. Schwarten unter gleichem Namen weiter als Fischereifahrzeug eingesetzt wurde. Später zum Schleppdampfer umgebaut, gehörte das Schiff zunächst der Reederei Arnold Bernstein in Hamburg und ab 1923 der Hamburger Firma Alfred Kubatz GmbH. Der Wismarer Kapitän Heinrich Mews kaufte 1925 das Dampfschiff und ließ es auf der Schiffs- und Dockbauwerft Flender in Lübeck zum Fahrgastschiff umbauen. Umbenannt in SEEADLER I verfügte das Schiff nach dem Umbau über einen durchgehenden Aufbau, der vom Ruderhaus bis zum Heck mit Sitzbänken versehen war. An Bord befand sich außerdem eine Art Zwischendeck. Kapitän H. Mews beschäftigte das neue Fahrgastschiff wöchentlich im Passagier- und Frachtverkehr zwischen Wismar und Lübeck – am 27. Mai 1925 lief die SEEADLER I von Lübeck

kommend erstmals im Hafen Wismar ein – und für Sonderfahrten zu verschiedenen Ostseebädern; beispielsweise an der Küste Mecklenburgs nach Arendsee, Brunshaupten (Kühlungsborn) und Boltenhagen sowie zu beliebten Seebädern an der holsteinischen Küste. Ab 1926 zeichneten das Schiffahrtsunternehmen Gebrüder Steinhagen & Mews, Kirchdorf/Poel und ab 1928 Peter & Paul Steinhagen, Kirchdorf, als Eigentümer des SEEADLER I. Der Dampfer befand sich seit 1928 vorrangig für Ausflugs- und Vergnügungsreisen in Fahrt. Am 6. Mai 1945 versenkten sowjetische Jagdbomber vor Timmendorf/Poel den Dampfer, der sich auf der Flucht in Richtung Westen befand. Aus dem Schiffsregister der DDR wurde die SEEADLER I erst am 10. Dezember 1954 gelöscht. Bis zu diesem Zeitpunkt waren Kapitän Peter Steinhagen, Rostock, und Frau Johanna Steinhagen, Kirchdorf auf der Insel Poel, als Eigentümer des Schiffes eingetragen.

GERMANIA (II)

C. A. Beug, Stralsund
Bauwerft: Heinrich Brandenburg, Hamburg /
70,03 BRT / 23,32 m Länge / 4,86 m Breite /
2 Dampfmaschinen / 120 PS / 8,0 kn / 2 Schr. /
Passagiere: 160 /
Besatzung: 4

Der Dampfer lief 1888 als eisernes Fracht- und Fahrgastschiff JOHANNA vom Stapel. Eigner des Schiffes war bis 1895 Th. Dahl aus Esbjerg, Dänemark. Bis zum Ankauf des Dampfers durch den Stralsunder Reeder C. A. Beug 1899 lief die JOHANNA unter dänischer Flagge, zuletzt als ESBJERG. Am 18. Mai 1899 wurde der Dampfer als GERMANIA in das Stralsunder Schiffsregister unter der Nummer 1063 eingetragen. Mit dem Salondampfer GERMANIA wurden werktags um 15.15 Uhr ab Stralsund Fahrten über Hiddensee (Fähre) – Wittower Fähre – Vieregge nach Breege angeboten. Am darauffolgenden Tag fuhr der Dampfer um 7.15 Uhr auf der gleichen Route von Breege zu-

rück nach Stralsund. Neben Fahrgästen beförderte die GERMANIA auf ihren Fahrten auch verschiedene Frachten. Der aus Breege stammende Herrmann Luckow, bereits Kapitän auf der ersten, 1874 erbauten GERMANIA der Reederei, führte von 1899 bis 1914 das neue Schiff an. Nach einem kurzen Dienst bei der Kaiserlichen Marine, etwa von 1917 an, wurde die GERMANIA 1918 nach Geestemünde verkauft. Unter dem 27. Februar 1918 war sie dort als Nr. 471 im Schiffsregister eingetragen. Seit dieser Zeit wurde der Dampfer als Fischereifahrzeug mit der Kennung PG 242 genutzt. Am 4. März 1918 erwarb ein gewisser Herr Kimme aus Bremerhaven den Dampfer. Ein erneuter Besitzerwechsel vollzog sich am 31. Dezember 1919. Neuer Eigner des Schiffes wurde nun ein Herr Logemann aus Lübeck. Am 6. Juni 1920 kaufte ein Herr Pottlitz aus Lübeck den Dampfer, aber bereits kurze Zeit später, im Juli 1920, wurde die GERMANIA in Bremerhaven abgebrochen.

Die GERMANIA im Hafen Breege 1914.   Foto: Sammlung Heinz Wittig

COBRA (I)

Ballin's Dampfschiff-Rhederei-Gesellschaft, Hamburg
Bauwerft: Fairfield Shipb. & Eng. Co., Glasgow /
Baunummer: 360 / 1146 BRT /
80,7 m Länge / 10,1 m Breite /
3 100 PS / 14,5 kn /
2 Seitenräder /
Passagiere: etwa 1 000
Besatzung: 59

Der Auftraggeber des Schiffes, G. J. Burns aus Glasgow, wollte den Seitenraddampfer für den Kanaldienst zwischen Großbritannien und Frankreich beschäftigen. Nachdem das Schiff als COBRA am 2. März 1889 vom Stapel gelaufen war, hatte der Auftraggeber jedoch am beabsichtigten Ein-

satz des Dampfers kein Interesse mehr. Umbenannt in ST. TUDNO übernahm im April 1889 die Liverpool & North Wales S. S. Co. das fertiggestellte Schiff, verkaufte es jedoch bereits 1890 an die New-North-Wales Steam Ship Company. Im gleichen Jahr wechselte der Dampfer erneut den Besitzer. Neuer Eigner wurde Ballin's Dampfschiff-Rhederei-Gesellschaft. Wieder als COBRA lief der Seitenraddampfer nun im Seebäderdienst Albert Ballins. Die Reederei, die seit 1897 unter dem Namen Nordsee-Linie Dampfschiffs-Gesellschaft firmierte, wurde am 1. Januar 1905 mit allen ihren Schiffen von der Hamburg-Amerika Linie übernommen. Unter der Flagge dieser Hamburger Großreederei lief die COBRA bereits in der Wintersaison 1902/1903, als sie in Charter für die

Der Dampfer COBRA in Cuxhaven.
Foto: Sammlung Autor

Hapag zwischen Genua und der Riviera im Einsatz war. Als Schiff der Hapag dampfte die COBRA weiterhin zwischen Hamburg und der Insel Helgoland und brachte Badegäste zum Strand der Nordseeinsel Sylt. Bei der Stettiner Maschinenbau AG, »Vulcan« in Grabow bei Stettin erhielt der Dampfer 1919 neue Kessel und wurde umfassend renoviert. Nach dem ersten Weltkrieg mußte die COBRA an Frankreich abgeliefert werden. Bereits 1920 kaufte die Hapag die COBRA von der französischen Regierung zurück. Das Schicksal des Dampfschiffes, das 32 Jahre lang Tausende von Fahrgästen befördert hatte, war jedoch besiegelt. Im Dezember 1921 verkaufte die Reederei ihre COBRA zum Abbruch an die Firma Mahr & Beyer nach Wismar. Dieser begann 1922.

CAPRIVI

Gustav Bentzien, Ribnitz
Bauwerft: Julius Kesseler, Greifswald /
54 BRT / 18,0 m Länge / 4,0 m Breite /
1 Compound / 60 PS /
6,5 kn / 1 Schr. /
Passagiere: 120 /
Besatzung: 4

Nach der Fertigstellung des kleinen eisernen Dampfers CAPRIVI 1890 setzte der Auftraggeber, Kapitän Gustav Bentzien, das Schiff, wie vorgesehen, für Fahrten zwischen Ribnitz und Wustrow ein. Nachdem sich herausstellte, daß der Einsatz in diesem Fahrtgebiet nicht rentabel war, siedelte Bentzien nach Stralsund über. Aber auch die hier

Die Caprivi nach der Verlängerung an der Seebrücke in Vitte.   Foto: Sammlung Autor

von ihm eröffnete Verbindung Stralsund–Devin brachte nicht den erhofften Erfolg. Bentzien versuchte es daraufhin mit einer Dampferverbindung Stralsund–Wiek/Rügen. Die Insel Hiddensee war zu jener Zeit kaum für den Tourismus erschlossen und konnte nur durch An- und Abbooten vom Schiff aus erreicht werden. Durch den damaligen Gutspächter Luhde wurde Bentzien veranlaßt, wenigstens im Sommer auch regelmäßig Kloster anzulaufen. Der Erfolg blieb diesmal nicht aus. Bei guter Auslastung der Caprivi nahm der Verkehr zur Insel Hiddensee jährlich einen größeren Umfang an. Im Herbst 1905 wurde die Caprivi in Stettin umgebaut. Sie wurde um 4 Meter verlängert und erhielt einen neuen, bei Christiansen & Meyer in Hamburg erbauten Kessel. Seit 1906

konnte der Dampfer 162 Passagiere pro Fahrt befördern. Während des ersten Weltkrieges ging der Verkehr zur Insel Hiddensee erheblich zurück. Bentzien setzte die Caprivi nun auch zur neu errichteten Seefliegerstation Bug ein. 1917 kaufte die Stralsunder Firma Carl Wothke das Unternehmen Bentzien.

Am 13. Oktober 1919 erwarb in Vitte auf Hiddensee die Genossenschaftsreederei Vitte GmbH, mit einem Mitgliederstand von 124 Personen gegründet, die Caprivi für 60 000 RM. Als einziges Schiff der Genossenschaft wurde der Dampfer am 1. November 1919 in Dienst gestellt und zu Tagesfahrten von Stralsund nach Vitte und zurück eingesetzt. In geringem Umfang beförderte die Caprivi auch Frachtgüter. Nach einer Havarie am

Die Caprivi als schwimmende Jugendherberge im Hafen Kloster. Im Hintergrund die 1935 in Dienst gestellte Insel Hiddensee.

Foto: Sammlung Autor

5. August 1920, bei der das Flammrohr des Dampfkessels ausgeglüht war, mußte der Dampfer zur Reparatur in eine Stettiner Werft. Die Reparaturarbeiten kosteten infolge der Geldentwertung durch die Inflation etwa 150 000 RM. Die Caprivi erwies sich bereits 1920 dem ständig steigenden Verkehr nicht mehr gewachsen. Am Pfingstsonnabend 1924 beförderte beispielsweise der kleine Dampfer neben Fracht noch 280 Personen nach Hiddensee. Damit war er völlig überlastet. Und dieser Tag war kein Einzelfall. Im Mai 1925, nach der Indienststellung des Dampfers Swanti, kam die Caprivi zu den Stettiner Oderwerken zur Überholung. Ab August 1925 wurde der Dampfer auf der neu eingerichteten Frühverbindung Stralsund – Vitte – Kloster eingesetzt, gelegentlich kam

er auch für Sonderfahrten bis zum Hafen Saßnitz in Fahrt. Der Zustand der Caprivi hatte sich Anfang der 30er Jahre derart verschlechtert, daß er 1935 keine Fahrterlaubnis mehr erhielt und deshalb 1935 stillgelegt und aus dem Bestand der Reederei gestrichen werden mußte. Im gleichen Jahr verschenkte die Reederei die Caprivi an die Hitlerjugend, die sie mit Liegeplatz Kloster zum HJ-Heim ausbaute. In Stralsund wurden 1948 die Reste des ehemaligen Dampfers verschrottet.

Swinemünder Dampfschiffahrts-A.-G.,
Swinemünde
Bauwerft: Stettiner AG
(vormals Möller & Holberg), Grabow /
Baunummer: 389 / 243 BRT /
46,4 m Länge / 6,5 m Breite /
1 Compound / 500 PS / ca. 9,0 kn /
1 Schr. /
Passagiere: 440 /
Besatzung: 13

Der kleine Passagierdampfer SWINEMÜNDE war das erste Schiff der 1890 gegründeten Swinemünder Dampfschiffahrts- Aktien-Gesellschaft. Der Stapellauf fand am 4. April 1891 in Grabow bei Stettin statt. Im Mai des gleichen Jahres konnte der Dampfer in Dienst gestellt werden. Die Fahrtroute beschränkte sich vorwiegend auf den Liniendienst zwischen Stettin und Swinemünde. Laut Fahrplan benötigte die SWINEMÜNDE für die Strecke von Swinemünde (Rathausplatz) bis zur Anlegestelle an der Stettiner Hakenterrasse 3 Stunden und 15 Minuten. Gelegentlich war das Schiff auch für Sonderfahrten im Einsatz. Die SWINEMÜNDE wurde, wie viele andere Schiffe auch, ein Opfer des zweiten Weltkrieges. Am 17. August 1944 sank der kleine Dampfer bei einem Bombenangriff im Hafen von Stettin.

Die SWINEMÜNDE im Liniendienst.   Foto: Sammlung Autor

Swinemünder D.mpfschiffahrts-A.-G.,
Swinemünde
Bauwerft: Stettiner AG
(vormals Möller & Holberg), Grabow /
Baunummer: 390 / 243 BRT /
43,9 m Länge / 6,4 m Breite /
1 Compound / 300 PS /
1 Schr. /
Passagiere: ca. 380 /
Besatzung: 13

Das zweite Schiff des Swinemünder Schiffahrtsunternehmens, der Passagierdampfer HERINGSDORF, lief am 23. Mai 1891, nur kurze Zeit nach dem Passagierdampfer SWINEMÜNDE der gleichen Gesellschaft, in Grabow bei Stettin vom Stapel. Auch dieser Neubau befuhr regelmäßig die Linie Stettin–Swinemünde. Seit 1925 gehörte der Dampfer durch Ankauf, 1926 in GROSSHERZOG umbenannt, der Mecklenburgischen Seebäder-Linie, Rostock.

1925 wurde der Dampfer bei der AG »Neptun«, Rostock, umgebaut. Bereits im Januar 1928 kaufte das Ostseebad Heiligendamm dieses Schiff bei einer Versteigerung. Am 20. Mai 1931 erwarb für 20000 RM Walter Martens aus Rostock die GROSSHERZOG und setzte sie ab Pfingsten 1931 ein. 1937 – nicht wie oft angegeben 1939 – erfolgte der Verkauf an die Kieler Verkehrs AG, Kiel, und die Umbenennung in JÄGERSBERG. Als Fördedampfer war die ehemalige GROSSHERZOG jedoch nicht lange im Einsatz. Ab 1940 diente sie der deutschen Kriegsmarine in der Torpedoversuchsanstalt als Versuchsschiff in Gotenhafen. Durch die deutsche Kriegsmarine, KMG Hamburg, wurde sie am 1. April 1943 beschlagnahmt und später von der Marine angekauft. Der Dampfer mußte am 29. März 1946 an die UdSSR abgeliefert werden. Als SIRIUS unter sowjetischer Flagge war das Schiff noch bis 1960 im Einsatz. (Eine Umbenennung in GNEISENAU 1910 ist nicht belegt.)

Die HERINGSDORF als Salondampfer GROSSHERZOG.   Foto: Sammlung Autor

HERTHA (II)

August Prätz, Stralsund
Bauwerft: Joh. Lange, Grohn bei Vegesack /
Baunummer: 342 / 108,43 BRT /
30,19 m Länge / 6,00 m Breite /
1 Compound /
250 PS /
12,5 kn / 1 Schr. /
Passagiere: 217 Boddenfahrt / 178 auf See /
Besatzung: 7

Der Dampfer wurde 1892 als SPERBER in Grohn bei Vegesack erbaut. Die Indienststellung als Betonnungs- und Bereisungsdampfer fand im gleichen Jahr statt. Der Auftraggeber, die Königliche Regierung Schleswig, hatte den Dampfer bis 1914 in ihrem Besitz. Heimathafen der SPERBER war Sonderburg. Die Kaiserliche Kriegsmarine rüstete das leistungsstarke und schnelle Dampfschiff im August 1914 zum Hilfslazarettschiff um. Im September 1914 wurde aus dem Dampfer ein Hilfsstreu-minenschiff mit Einsatzort Ostsee. Im Juli 1919 konnte der Stralsunder Reeder August Prätz Eigentümer des in HERTHA umbenannten Dampfers werden. Prätz beschäftigte die HERTHA abwechselnd als Schlepper, für Passagierfahrten im Ausflugs- und Liniendienst sowie in der Schiffsbergung. Der Stralsunder Spediteur und Reeder Alfred Staude kaufte am 2. August 1929 die HERTHA und setzte sie in den Sommermonaten für Passagierfahrten nach Zingst und Prerow, »Rund um Rügen« sowie zur dänischen Insel Möen nach Möensklint ein. In östlicher Richtung war der Dampfer nach Lauterbach, Kolberg und Rügenwaldermünde unterwegs. Vorwiegend außerhalb der Saison diente die HERTHA auch unter der Flagge von Prätz als Schlepp- und Bergungsschiff. Ab September 1939 befand sich der Dampfer im Dienst der deutschen Kriegsmarine. Er gehörte der 3. Hafenschutzflottille (Vs 1016) an. 1945 war die HERTHA als Schlepper bei der 3. Minenräumdi-

Die HERTHA als
Seebäderdampfer in
Rügenwaldermünde.
Foto: Sammlung Loeck

Als Bergungsdampfer selbst gestrandet an der Küste von Kolberg um 1930.　　　　　　　　　Foto: Sammlung Autor

vision 4. Gruppe im Einsatz. Bereits im Dezember 1940 wurde die HERTHA auf Grund eines Testaments auf Frau Margarete Staude, geborene Kellermann, überschrieben. 1947 befand sich der Dampfer mit dem Rufzeichen DJOV in Kiel. In dieser Zeit erhielt Frau Staude den Dampfer. Aus dem Schiffahrtsregister der damaligen sowjetischen Besatzungszone wurde die HERTHA am 27. Juni 1948 gelöscht. Noch bis 1953 blieb Kiel der Heimathafen des Dampfers, der beim Germanischen Lloyd eingetragen war. Die Firma Staude, Stralsund, galt jedoch nach wie vor als Eigentümer. Etwa um 1953 wurde der Dampfer abgebrochen.

PRINZ WALDEMAR

Satori & Berger, Kiel / Hamburg
Bauwerft: Howaldtswerke AG, Kiel /
Baunummer: 266 /
685 BRT /
66,0 m Länge ü. a. / 8,5 m Breite /
2 III-Exp. / 1 170 PS / 13,0 kn / 2 Schr. /
Passagiere: 620 /

Von der 1859 gegründeten Reederei Satori & Berger wurden zum Ausgang des vorigen Jahrhunderts drei moderne Doppelschrauben-Passagierdampfer bei den Howaldtswerken in Kiel in Auftrag gegeben. Es handelte sich dabei um die Schwesterschiffe PRINZ WALDEMAR, PRINZ ADALBERT und PRINZ SIGISMUND. Diese drei Dampfer bo-

Die PRINZ WALDEMAR im Einsatz auf der Ostsee.   Foto: Sammlung Autor

ten den Passagieren eine für die damalige Zeit äußerst komfortable Einrichtung. Außerdem waren sie mit Funktelegrafie ausgerüstet. Die PRINZ WALDEMAR lief als erstes Schiff des Trios am 13. Dezember 1892 vom Stapel und konnte im Februar 1893 in Dienst gestellt werden. Die Reederei beschäftigte den neuen Dampfer zunächst im Li-

niendienst Kiel–Swinemünde–Stettin, später auch auf der Kieler Förde und für Tagesfahrten von Kiel nach Korsör. 1924 verkaufte die Reederei das Schiff an die Mecklenburgische Seebäder-Linie GmbH nach Rostock. Der neue Eigner brachte das Schiff als KRONPRINZESSIN CECILIE in Fahrt. Der Dampfer wurde 1929 abgebrochen.

HINDENBURG

Gebr. Steinhagen, Kirchdorf u.
Heinrich Mews, Wismar
Bauwerft: Howaldtswerke AG, Kiel /
Baunummer: 277 / 89,7 BRT /
26,9 m Länge / 5,5 m Breite /
1 III-Exp. / 300 PS / 10,5 kn / 1 Schr. /
Passagiere: 185 /
Besatzung: 6

Der für die Kaiserliche Kanal-Commission in Kiel in Auftrag gegebene Dampfer lief 1893 in Kiel-Dietrichsdorf vom Stapel. Das Kanalamt beschäftigte den Dampfer DRESDEN zusammen mit dem im gleichen Jahr auf der gleichen Werft fertiggestell-

ten Schwesterschiff STUTTGART als Schleppdampfer. Die Gebrüder Steinhagen aus Kirchdorf (Insel Poel) sowie Heinrich Mews aus Wismar übernahmen den Dampfer im Frühjahr 1925 und nannten ihn in HINDENBURG um. Nach einem Umbau zum Passagierschiff in der Rostocker Neptunwerft 1925 konnte der Dampfer auch für Passagierfahrten außerhalb der Wismarer Bucht eingesetzt werden. Vor und nach der Saison diente die HINDENBURG als Schleppdampfer, im Winter als Eisbrecher zum Freihalten der Fahrrinne im Wismarer Hafen. Seit 1928 gehörte die HINDENBURG dem Unternehmen Peter & Paul Steinhagen, Kirchdorf. Vor allem in den 30er Jahren erweiterte sich das Einsatzgebiet

Der Bäderdampfer HINDENBURG.   Foto: Sammlung Hans-Günther Wentzel

des Dampfers erheblich. Ausgehend von Wismar beschäftigte die Reederei die HINDENBURG in westlicher Richtung nach Boltenhagen, Grömitz, Kellerhusen, Dame und Pelzerhaken. In östlicher Richtung war der Dampfer nach Kühlungsborn, Heiligendamm und Warnemünde in Fahrt. Da sich die HINDENBURG auch bei größerem Seegang bewährte, bot die Reederei Reisen von Wismar aus über die Ostsee nach Fehmarn, Gedser und Rödbyhavn an. Zur Unterhaltung der Fahrgäste befand sich oft eine dreiköpfige Blaskapelle an Bord. Bei schlechtem Wetter fanden die Passagiere in einer auf dem Vorschiff befindlichen Pantry Schutz. Die HINDENBURG wurde 1940 nach Brunsbüttel verkauft. Über den weiteren Verbleib des Schiffes ist nichts bekannt.

HAMBURG

Hamburg-Stade-Altländer Linie,
Stade
Bauwerft: L. Smit & Zoon, Kinderdijk
(Niederlande)
Tragfähigkeit: 172 t /

67,00 m Länge ü. a. / 7,10 m Breite /
1 Compound / 550 PS /
12,5 kn / 2 Seitenräder /
Passagiere: 960 /
Besatzung: ca. 12

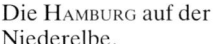
Die HAMBURG auf der Niederelbe.
Foto: Hans Harz

Der Seitenraddampfer konnte am 21. April 1888 als RHEIN für die Preußisch-Rheinische Dampfschiffahrts-Gesellschaft, Köln, in Dienst gestellt werden. Vermutlich befand sich der Dampfer bis 1923 in Fahrt auf dem Rhein. Die Hamburg-Stade-Altländer-Linie kaufte den Dampfer 1924 und beschäftigte ihn, umbenannt in HAMBURG, für Fahrten auf der Unterelbe. In diesem Fahrtgebiet erfreute sich der elegante Raddampfer schnell großer Beliebtheit bei den Fahrgästen. Die HAMBURG galt als das größte Schiff, welches geeignet war, den Hafen von Stade anzulaufen. Die 1840 gegründete Reederei, in deren Besitz die HAMBURG ab 1924 war, wurde am 23. März 1929 von der Hafen-Dampfschiffahrt A. G., Hamburg, übernom-

men. Die HAMBURG war bis zum zweiten Weltkrieg größter und zugleich schnellster Seitenraddampfer, der unter der HADAG-Flagge auf der Linie Stade–Hamburg und von der Lühe-Mündung zum holsteinischen Ufer in Fahrt war. Der Salonschnelldampfer gelangte nach einem Verkauf im September 1939 von der Elbe nach Stettin. Bereits 1941 ging das Schiff an Leth & Co. nach Hamburg. Nach einem kurzen Einsatz auf der Oder diente der einst stolze Dampfer während des zweiten Weltkriegs als Wohnhulk. Im Schlepp gelangte das Schiff am 18. Juli 1948 wieder nach Hamburg. Der Einsatz als Wohnunterkunft während des Krieges hatte deutliche Spuren am Schiff hinterlassen. Ende 1954 wurde das Schiff zum Abbruch verkauft.

JASENITZ

Jasenitzer Dampfschiffs A. G., Jasenitz
Bauwerft: Stettiner Maschinenbau AG »Vulcan« Grabow bei Stettin /
Baunummer: 218 / 72,3 BRT /
26,81 m Länge / 4,57 m Breite /
1 Compound / 125 PS /
6,5 kn / 1 Schr. /
Passagiere: 170 / Besatzung: 6

Im Gründungsjahr der Jasenitzer Dampfschiffs A. G. 1894 wurde auch der kleine Passagierdampfer JASENITZ fertiggestellt. Das junge Schiffahrtsunternehmen beschäftigte ihren Neubau bis 1914 auf dem Oderhaff sowie im Liniendienst Stettin–Stepenitz–Jasenitz. Für die Zeit von 1915 bis 1927 gibt es über den Besitzer und den Einsatz des Schiffes keine genauen Angaben. Ab 1928 wurde

Dampfer Jasenitz als Hiddensee im Hafen Kloster.   Foto: Sammlung Autor

der Dampfer als Hiddensee mit Heimathafen Stralsund von August Prätz bereedert. Es war das zweite Schiff dieser Stralsunder Reederei, das den Namen Hiddensee führte. Bereits von 1911 bis 1923 hatte A. Prätz einen Dampfer mit diesem Namen ab Stralsund in Fahrt. Die neue Hiddensee war auf verschiedenen Linien der Reederei Prätz im Einsatz. Vorwiegend beschäftigte der Stralsunder Eigner den Dampfer im Liniendienst Stralsund–Kloster (Hiddensee). Bereits im Handbuch

für die Deutsche Handelsmarine auf das Jahr 1930 wird das Stralsunder Unternehmen Alfred Staude als neuer Eigner des Dampfers Hiddensee angegeben. Von 1931 bis 1938 war Fritz Holz aus Barth neuer Besitzer des Dampfers, der in dieser Zeit versuchte, in die Hiddensee-Fahrt einzusteigen. Der Erfolg blieb jedoch aus, so daß Fritz Holz die Hiddensee auf anderen Routen beschäftigte. Über den Verbleib des Dampfers nach 1938 gibt es keine sicheren Angaben.

Najade (I)

Norddeutscher Lloyd, Bremen
Bauwerft: F. Schichau, Danzig /
724 BRT / 71,2 m Länge / 9,2 m Breite /
1 III-Exp. / 1 800 PS /
16 kn / 2 Seitenräder /
Passagiere: 670 auf See / 893 Flußfahrt /
Besatzung: 30

Der große Seitenraddampfer Najade wurde vom Norddeutschen Lloyd (NDL) als Schnelldampfer für den Bremerhaven-Helgoland-Dienst in Auf-

trag gegeben. Zusammen mit dem Raddampfer Nixe konnten diese beiden Passagierschiffe als Nachfolger der sogenannten »Fischgeschwader-Dampfer« des NDL, Forelle, Hecht, Lachs und Delphin, bezeichnet werden. Im April 1894 lief die Najade vom Stapel. Nach der nur kurze Zeit später erfolgten Indienststellung kamen die Najade und später die 1899 erbaute Nixe im Seebäderdienst von der Niederweser aus nach Helgoland und Norderney zum Einsatz. Die Najade kam in den Wintermonaten auch für Vergnügungsfahrten

Der Seitenraddampfer Najade im Helgoland-Dienst.

im Golf von Neapel und im Mittelmeer in Fahrt. Diese Einsätze sicherten dem Schiffahrtsunternehmen eine durchgehend gute Auslastung des Dampfers. Neben dem Liniendienst laut Fahrplan standen auch viele Sonderfahrten auf dem Programm. Beispielsweise charterte an einem Sonntag im Mai 1900 der Bremer Gewerbe- und Industrie-Verein die Najade für eine Tagestour nach Helgoland. Während des ersten Weltkrieges diente der Dampfer als Tender der Kaiserlichen Kriegsmarine. 1920 beschäftigte die Reederei die Najade für kurze Zeit im »Seedienst Ostpreußen«. Im Einsatz des NDL-Seebäderdienstes blieb die Najade bis 1927. Danach mußte der alte Raddampfer dem neuen Seebäder-Turbinenschiff Roland weichen. Der Norddeutsche Lloyd verkaufte 1928 den Dampfer in die Niederlande. Er wurde 1929 in Rotterdam abgebrochen.

SEDAN

Dittmann & Köhnke, Stettin
Bauwerft: Stettiner Oderwerke, AG für Schiffs- und Maschinenbau, Stettin /
Baunummer: 443 / 142 BRT /
42,66 m Länge ü. a. / 6,05 m Breite /
2 Compound / 260 PS /
9,0 kn / 2 Schr. /

Passagiere: 406 /
Besatzung: 8

Der Doppelschraubendampfer Sedan lief im Frühjahr 1895 in Stettin vom Stapel und konnte im August 1895 vom Auftraggeber, der Firma Dittmann & Köhnke, in Dienst gestellt werden. Der

Dampfer SEDAN beim Passieren der Stettiner Bahnhofsbrücke.   Foto: Sammlung Autor

Dampfer, der überwiegend auf der Oder oberhalb der ehemaligen Stettiner Baumbrücke zum Einsatz kam, ging bereits im Jahr 1898 in den Besitz der Schwedt-Stettiner Dampfschiffs-Gesellschaft G.m.b.H., Greifenhagen, über. Darüber hinaus war der Dampfer auf der Oder beschäftigt. Ab 1921 gehörte das Schiff, umbenannt in DIREKTOR EHMKE, der Greifenhagener Dampfschiffsreederei GmbH, Greifenhagen. Die Reederei beschäftigte den Dampfer bis zum zweiten Weltkrieg für Tourenfahrten zwischen Schwedt, Greifenhagen und Stettin. In der Sommersaison wurde die DIREKTOR EHMKE gelegentlich auch für reine Ausflugsfahrten bis nach Swinemünde eingesetzt. Das Schiff, das im zweiten Weltkrieg für verschiedene Aufgaben – vor allem zur Frachtbeförderung – beschäftigt wurde, diente ab 1948 als Verkehrs- und Schleppdampfer unter der Verwaltung der Stralsunder Dampfschiffahrts-Gesellschaft. 1951 wurde die DIREKTOR EHMKE von der DSU übernommen und als SOWJETFREUNDSCHAFT vorwiegend für Passagier-

fahrten von Greifswald, Baabe und Wolgast aus eingesetzt. Unter diesem Namen kam das Schiff ab 1952 für Fahrten im Ostseebäderverkehr der DSU zum Einsatz. Für dieses umfangreiche Aufgabengebiet hatte das staatliche Schiffahrtsunternehmen zusätzlich von der Genossenschaftsreederei Hiddensee das Motorschiff INSEL HIDDENSEE gechartert. Beide Schiffe boten für die damalige Zeit ein recht umfangreiches Fahrtenprogramm an: u. a. zwischen Wolgast und der Insel Hiddensee, zwischen Baabe und der Insel Hiddensee, zwischen Wolgast und Stralsund sowie zwischen Wolgast und Greifswald. Seit 1954 unter dem Namen DEUTSCH SOWJETISCHE FREUNDSCHAFT wurde der ehemalige Dampfer 1955 auf der Schiffsreparaturwerft in Havelberg zum Motorschiff umgebaut und am 1. Januar 1957 von der neu gegründeten »Weißen Flotte«, Stralsund, übernommen. Seitdem ist das Schiff im Liniendienst zwischen Stralsund und der Insel Hiddensee im Einsatz.

Die ehemalige SEDAN als SOWJETFREUNDSCHAFT 1952 im Hafen Wiek/Rügen.   Foto: Sammlung Autor

PRINZ ADALBERT

Satori & Berger, Kiel
Bauwerft: Howaldtswerke AG, Kiel /
702 BRT / 62,8 m Länge / 8,5 m Breite /
1 Compound / 1 300 PS /
12,5 kn / 1 Schr. /
Passagiere: ca. 630 /
Besatzung: 14

Die PRINZ ADALBERT, Schwesterschiff der 1893 in
Dienst gestellten PRINZ WALDEMAR, konnte 1895
zur ersten Reise abgefertigt werden. Beschäftigt
wurde das Schiff, wie geplant, auf der Linie Kiel –
Korsör. Der Dampfer war der Zeit entsprechend

sehr komfortabel ausgestattet. Neben bequemen
Kajüten befanden sich auch Rauch- und Lesesa-
lons sowie Herren- und Damensalons an Bord. Im
großen Hauptsalon war Platz für 100 Personen.
Außerdem verfügte die PRINZ ADALBERT über ein
150 Meter langes Promenadendeck. Die 72 Seemeilen zwischen Kiel und Korsör wurden in etwa
6 Stunden zurückgelegt. Davon war die PRINZ
ADALBERT etwa 3 Stunden auf der Kieler Förde
und zwischen den dänischen Inseln unterwegs und
nur etwa 2 Stunden auf See. Das Schwesterschiff,
die PRINZ WALDEMAR, diente zur Zeit des ersten
Weltkrieges als Hilfsminenleger unter der Flagge

Die PRINZ ADALBERT auf der Ostsee.　　　　　　　　　　　　　　　　Foto: Sammlung Autor

der Kaiserlichen Marine. Die Reederei, die das Schiff 1919 zurückerhielt, beschäftigte es auf der Vorkriegslinie weiter. Die Wirtschaftslage in Deutschland verhinderte allerdings den längeren Einsatz der Satori & Berger-Schiffe auf dieser Route. 1924 wurden die Fahrten nach Dänemark eingestellt. Den Dampfer PRINZ ADALBERT verkaufte die Reederei im gleichen Jahr an A. W. Riedemann nach Bremen und die PRINZ WALDEMAR 1924 an die Mecklenburgische Seebäder-Linie GmbH, Rostock. Bis 1929 beschäftigte das Unternehmen Riedemann die PRINZ ADALBERT als BÜRGERMEISTER SMIDT ab Bremen und Bremerhaven für Nordseereisen. Ende 1929 wurde das Schiff abgebrochen.

WILLKOMMEN

Hamburg-Amerika Linie, Hamburg
Bauwerft: I. Scott & Company,
Kinghorn (England) /
Baunummer: 91 / 510 BRT /

67,2 m Länge / 7,9 m Breite /
1 Compound / 900 PS / 13,0 kn / 2 Seitenräder /
Passagiere: 556 /
Besatzung: 16

Der Seitenraddampfer WILLKOMMEN als CUXHAVEN.   Foto: Sammlung Autor

Nach der Taufe in PLYMOUTH BELLE wurde der Seitenraddampfer im April 1895 in Kinghorn vom Stapel gelassen. Die Reederei W. Dusting in Plymouth hatte den Dampfer für Ausflugsfahrten in Auftrag gegeben. Am 26. Oktober 1899 kaufte die Hapag den Seitenraddampfer und brachte ihn als WILLKOMMEN im Dienst Hamburg–Helgoland und auf anderen Routen in Fahrt. Unter der Hapag-Flagge lief der Dampfer als Seebäderschiff und

Tender genau 25 Jahre lang. Seit dem 13. Oktober 1924 fuhr der Dampfer unter der Flagge der Hamburg-Stade-Altländer-Linie. Umbenannt in CUXHAVEN war der Raddampfer bis Ende April 1929 auf der Niederelbe, nun zugelassen für 1250 Personen, im Dienst. Im gleichen Jahr wurde die CUXHAVEN, nun als HADAG-Schiff, außer Dienst gestellt und an eine Abbruchfirma nach Großbritannien verkauft.

GARTZ

Gartzer Dampfschiffahrts Ges. m. b. H., Gartz
Bauwerft: Johannsen & Co., Danzig /
Baunummer: 97 oder 98 / 96 BRT /
34,10 m Länge / 5,07 m Breite /
1 Compound / 200 PS /
ca. 9,5 kn / 1 Schr. /
Passagiere: 320 /
Besatzung: 4

Der Stapellauf des aus Eisen und Stahl gebauten Dampfschiffes GARTZ fand im Juni 1895 statt. Das Schiff, unter Aufsicht des Germanischen Lloyds

erbaut, hatte vier Schotte, einen zylindrischen Röhrenkessel aus Stahl und war mit einer bei der Union-Gießerei in Königsberg gebauten Compoundmaschine ausgerüstet. Nach der Indienststellung durch die Gartzer Dampfschiffahrts Gesellschaft 1895 kam der Dampfer auf der Oder in Fahrt. Die 1894 gegründete Gesellschaft hatte den Dampfer GARTZ bis etwa 1913 in ihrem Besitz. Ab 1921 gehörte das Dampfschiff der Greifenhagener Dampfschiffsreederei G. m. b. H., Greifenhagen, die im gleichen Jahr aus der Schwedt-Stettiner Dampfer-Gesellschaft hervorgegangen war. 1945

Ausflugsdampfer GARTZ in Stettin um 1930.   Foto: Sammlung Kurt Pittelkow

wurde die GARTZ von der sowjetischen Oder-schiffahrt übernommen und als Schleppdampfer UKRAINA auf der Oder und auf der Peene in Fahrt gebracht. Von 1949 bis 1953 gehörte die UKRAINA der Deutschen Oderschiffahrt (D.O.S.), die das Schiff weiterhin als Schlepper beschäftigte. Die ehemalige GARTZ kam 1953 wieder als Passagier-dampfer zum Einsatz. Umbenannt in DORNBUSCH lief der Dampfer nun für die DSU. Als die »Weiße

Flotte« Stralsund am 1. Januar 1957 die DORN-BUSCH von der DSU übernahm, war diese bereits zum Motorschiff umgebaut. Im Winterhalbjahr 1957/58 erhielt das Schiff einen neuen Motor und wurde umfassend modernisiert. Das Motorschiff DORNBUSCH, inzwischen wiederholt umgebaut und modernisiert, war noch 1989 vorrangig zwischen Stralsund und den Inseln Rügen und Hiddensee für die »Weiße Flotte« Stralsund in Fahrt.

STETTIN (I)

Malitz & Zimmer, Schwedt
Bauwerft: Stettiner Oderwerke, AG für Schiffs-
und Maschinenbau, Stettin /
Baunummer: 436 / 196 BRT /
47,20 m Länge ü. a. / 6,40 m Breite /
2 Compound / 330 PS / 10,5 kn /
2 Schr.

Der Doppelschraubendampfer STETTIN war das er-ste Schiff, das bei den Stettiner Oderwerken nach dem Zusammenschluß der Stettiner Schiffs- und Maschinenbau AG (vormals Möller & Holberg)

und der Schiffswerft von Aron & Gallnow fertig-gestellt wurde. Nach der Indienststellung im Jahr 1895 wurde der Salondampfer bis zum Verkauf an J. F. Braeunlich 1898 in Stettin im Verkehr Stet-tin–Schwedt auf der Oder beschäftigt. Von 1895 bis 1898 durch das Unternehmen Malitz & Zim-mer bereedert, kam der Dampfer 1898 für kurze Zeit an die Schwedt-Stettiner Dampfer-Gesell-schaft. Unter Braeunlich-Flagge wurde die STETTIN auf der Route Stettin–Ueckermünde und nach Wollin und Dievenow eingesetzt. 1899 kaufte die Stettin-Greifenhagener Dampfschiff-Gesellschaft

den Doppelschraubendampfer, die ihn bis 1905 beschäftigte. Seit 1905 gehörte die STETTIN der Stettin-Wollin-Cammin-Dievenower Dampfschiffahrts-Gesellschaft in Cammin. Dieses Schiffahrtsunternehmen setzte den Dampfer von Stettin zum Seebad Misdroy (Laatziger Ablage) ein sowie von Stettin nach Dievenow. Gelegentlich kam er auch auf anderen Routen und für Sonderfahrten zum Einsatz. 1926 wurde der Dampfer in DIREKTOR KNAUFF umbenannt. Am 27. Dezember 1941 ging das Schiff an die deutsche Kriegsmarine. Anfangs diente es als Heizboot für das seit dem 11. Januar 1940 in Stettin stationierte ehemalige Passagierschiff MONTE ROSA der Hamburg-Süd. Vom Mai 1942 bis Ende 1943 befand sich der

Dampfer wieder im Besitz der Reederei. Ab Ende Januar 1944 diente er erneut als Heizboot für den deutschen Flugzeugträger GRAF ZEPPELIN. Dieser Einsatz dauerte bis Ende April 1944. Danach erhielt die Reederei den Dampfer erneut zurück. 1945 gelangte die DIREKTOR KNAUFF im beschädigten Zustand nach Kiel, von wo sie im Juni nach Hamburg geschleppt wurde. Bis zum Ankauf durch die Ostdeutsche Dampfschiffahrts- und Transport GmbH, Hamburg, und der anschließenden Umbenennung in HEIMAT im Frühjahr 1946, lag der Dampfer in Hamburg auf. Die HEIMAT sank 1951 im Hamburger Hafen. Sie konnte später gehoben und dann zum Abbruch verkauft werden.

JOHANN SCHWEFFEL

Neue Dampfer Compagnie, Kiel
Bauwerft: Howaldtswerke A. G., Kiel /
Baunummer: 311 / 83,20 BRT /
25,80 m Länge / 5,78 m Breite /
1 III-Exp. / 180 PS / 8,5 kn / 1 Schr. /
Passagiere: 140 /
Besatzung: 5

Vorgesehen als Förderdampfer lief 1896 die JOHANN SCHWEFFEL in Kiel vom Stapel. Mit Heimathafen Kiel war das Schiff bis mindestens 1910 auf der Kieler Förde im Einsatz. Der Stralsunder Reeder August Prätz kaufte 1911 den Dampfer und nannte ihn in HIDDENSEE um. Im gleichen Jahr ließ er ihn auf der Rostocker »Neptun«-Werft zum

Die JOHANN SCHWEFFEL als HIDDENSEE einlaufend im Hafen Kloster.
Foto: Sammlung Horst Löschmann

Fracht- und Passagierdampfer umbauen. Bereits 1911 annoncierte der neue Eigner aus Stralsund für Fahrten mit dem Salondampfer HIDDENSEE zwischen Stralsund, Neuendorf, Schaprode und Kloster. Vom 1. Juli bis zum 1. September 1912 bot Prätz seine HIDDENSEE erneut für Fahrten auf den genannten Routen an. Nach vorheriger Anmeldung beim Schiffsführer wurde in Schaprode, in Neuendorf und an der Heiderose (Fährinsel) auf eigene Gefahr an- und abgebootet. Mit dem Salondampfer HIDDENSEE konnten neben Passa-

gieren verschiedene Frachtgüter zwischen Stralsund und den Inseln Hiddensee und Rügen befördert werden. Der Transport von Frachtgütern war nicht nur ein gutes, zusätzliches Geschäft für den Schiffseigner, sondern auch von großer Bedeutung für die Inselbewohner. Laut Germanischen Lloyd vom Jahre 1923 war das Schiff zu dieser Zeit als BALDUR für die Reederei V. O. Klahr mit Heimathafen Hamburg eingetragen.

Der weitere Verbleib des Dampfers ist unbekannt.

PRINZESSIN HEINRICH

Ballin's Dampfschiffs-Rhederei-Gesellschaft, Hamburg
Bauwerft: Blohm & Voss, Hamburg /
Baunummer: 116 / 919 BRT /
76,3 m Länge / 8,3 m Breite /
1 III-Exp. / 1800 PS / 14 kn /
2 Seitenräder / Passagiere: 540 /
Besatzung: 52

Für den Dienst auf der Unterelbe und für Tagesfahrten zur Insel Helgoland war der Seitenraddampfer PRINZESSIN HEINRICH bei Blohm & Voss in Hamburg in Auftrag gegeben worden. Der Damp-

fer hatte am 11. April 1896 Stapellauf und konnte am 6. Juni des gleichen Jahres in Dienst gestellt werden. Bereits bei den ersten Reisen hatten die Passagiere ihre Probleme mit der erheblichen Schlagseite des Raddampfers. Diese schlechte Seelage brachte der PRINZESSIN HEINRICH verschiedene Spitznamen ein, wie beispielsweise »Schaukel-Prinzessin« oder »Selbstentlader«. Bauliche Veränderungen beseitigten jedoch diese Konstruktionsfehler. Das ab 1897 in Nordsee-Linie GmbH umbenannte Unternehmen Albert Ballins vercharterte den Raddampfer 1904 an die Hamburg-Amerika Linie. Von der Hapag wurde die

PRINZESSIN HEINRICH in den Wintermonaten für Ausflugsreisen an der Riviera – zwischen Genua, San Remo, Monaco und Nizza – beschäftigt. Nach der Übernahme der Nordsee-Linie durch die Hapag am 1. Januar 1905 gelangte auch die PRINZESSIN HEINRICH in den Besitz dieser Hamburger Groß-reederei. Bis zum Beginn des ersten Weltkrieges blieb der Dampfer weiterhin im Riviera-Dienst.

Während des ersten Weltkrieges lag das Schiff in Hamburg auf. 1919 kam es für kurze Zeit wieder im Seebäderdienst in Fahrt. Die Hapag verkaufte 1923 die PRINZESSIN HEINRICH. Noch im gleichen Jahr begannen die Abbrucharbeiten auf der Köhl-brandwerft in Hamburg.

IMPERATOR

Stettiner Dampfschiffs-Gesellschaft
J. F. Braeunlich, Stettin
Bauwerft: Stettiner Oderwerke, Grabow /
Baunummer: 464 / 1079 BRT /
66,7 m Länge / 10,0 m Breite /
2 III-Exp. / 1 800 PS /
15,0 kn / 2 Schr. /
Passagiere: ca. 600 /
Besatzung: 30

Der Fahrgastdampfer IMPERATOR lief im Frühjahr 1897 in Grabow bei Stettin vom Stapel und konnte im März des gleichen Jahres in Dienst gestellt werden. Bis 1908 beschäftigte die Reederei den mit 15 Knoten Dienstgeschwindigkeit relativ schnellen Dampfer im Liniendienst zwischen Saßnitz und Trelleborg. Ab 1909 wurde die IMPERATOR für Fahrten von Stettin zu den Seebädern der Insel Rügen eingesetzt. Am 8. August 1914 zog die Kaiserliche Marine die IMPERATOR für den Einsatz als Hilfs-Lazarettschiff »D« ein. Nach dem Umbau war sie mit 156 Krankenbetten ausgerüstet. Neben

Die IMPERATOR in Fahrt zu den Seebädern der Insel Rügen.

Foto: Max Dreblow

der Besatzung waren 26 Mann Sanitätspersonal an Bord. Am 19. Februar 1919 erhielt die ehemalige Reederei die IMPERATOR zwar zurück, mußte sie jedoch am 14. März des gleichen Jahres an Frankreich abliefern. Als Eigentum der französischen Regierung wurde das Schiff vorerst durch E. Genoud, Brest, bereedert. Umbenannt in WELCOME war seit 1922 die Reederei Genoud & Cie., Cherbourg, neuer Eigner des Schiffes und ab 1924 die Cherbourg Maritime S. A., Cherbourg. Über den Einsatz unter französischer Flagge gibt es keine Hinweise. Die ehemalige IMPERATOR wurde 1935 in einer Abwrackwerft in Großbritannien abgebrochen.

SILVANA

Nordsee-Linie Dampfschiffahrts G. m. b. H., Hamburg
Bauwerft: Howaldtswerke AG, Kiel /
Baunummer: 321 / 804 BRT /
62,7 m Länge / 9,0 m Breite /

2 III-Exp. /1 400 PS /
14 kn / 2 Schr. /
Passagiere: 618 / Besatzung: 41

Am 4. April 1897 lief in Kiel der erste Neubau für

Die SILVANA der Hamburg–Amerika Linie.

Foto: Sammlung Autor

Nordsee-Linie, Hamburg, vom Stapel. Nach der Indienststellung der SILVANA im Juni des gleichen Jahres kam der Dampfer auf der Nordsee in Fahrt. Die SILVANA, überwiegend im Helgoland-Dienst beschäftigt, eignete sich mit ihrem extrem geringen Tiefgang auch für den Einsatz in den Wattengebieten. Nach der Übernahme der Nordsee-Linie durch die Hapag am 1. Januar 1905 wurde die SILVANA ein Hapag-Dampfer. Der Eigentumswechsel änderte aber nichts am Einsatz des Schiffes. Die Kaiserliche Marine beschlagnahmte im August 1914 die SILVANA und setzte sie bis 1918 als Hilfsschiff ein. Der Dampfer diente als Vorpostenschiff sowie als Führungsschiff der Handelsschutzflottille Ostsee. Die SILVANA, die den Krieg ohne Schaden überstand, konnte 1919 erneut als Hapag-Dampfer im Seebäderdienst in Fahrt kommen. Doch noch im gleichen Jahr verlangte die französi-

sche Regierung die Auslieferung des Schiffes. 1920 erhielt die Hapag die SILVANA wieder zurück. Das anschließend zum Kajütpassagierschiff mit 200 Kabinenplätzen umgebaute Schiff verließ am 4. März 1920 ihren Heimathafen zur ersten Reise nach Danzig. Dieser neu eingerichtete Liniendienst Hamburg–Danzig brachte aber nicht den erhofften Gewinn, so daß die Hapag die SILVANA wieder aus diesem Liniendienst zurücknahm. Im November 1924 verkaufte die Reederei den Dampfer zum Abbruch nach Hamburg.

HABICHT

Vereinigte Flensburg-Ekensunder und
Sonderburger Dampfschiffsgesellschaft, Flensburg
Bauwerft: Schiffswerfte und Maschinenfabrik
(vorm. Janssen & Schmilinsky) A. G., Hamburg /
Baunummer: 358 / 165 BRT /
36,8 m Länge / 6,1 m Breite /
1 Compound / 250 PS /
7,5 kn / 1 Schr. /
Besatzung: 7

Auf der Schiffswerfte und Maschinenfabrik A.G.
lief am 8. April 1897 der Dampfer HABICHT vom
Stapel, der nach den Plänen des Dampfers BALDER
(Baunummer: 349) entstanden war. Nach der Indienststellung des Dampfers HABICHT im Mai 1897
beschäftigte ihn die Reederei vorwiegend zwischen Flensburg und Sonderburg. Zur Zeit des ersten Weltkrieges diente die HABICHT als Kontroll-
schiff der Kaiserlichen Kriegsmarine mit Standort
Kiel. Ab 1919 konnte die HABICHT im ursprünglichen Fahrtgebiet erneut zum Einsatz kommen.
Als 1935 die Vereinigte Flensburg-Ekensunder
und Sonderburger Dampfschiffsgesellschaft Konkurs anmelden mußte, waren es die guten See-Ei-

genschaften sowie die Schnelligkeit und wirtschaftliche Fahrweise der HABICHT, welche die neu
gegründete Förde Reederei G.m.b.H., Flensburg, veranlaßte, den Dampfer zu übernehmen.
Neben den üblichen Passagierfahrten kam die HA-
BICHT in den Wintermonaten nun auch für den
Transport von lebendem Vieh nach Dänemark
zum Einsatz. Im September 1939 wurde die HA-
BICHT – als einziger Fördedampfer – nicht in den
Dienst der deutschen Kriegsmarine gestellt. Doch
bereits in den ersten Kriegstagen beschädigte eine
hochgegangene Mine auf der Außenförde den
Dampfer so erheblich, daß er in die Werft geschleppt werden mußte. Zu Beginn der 50er Jahre
diente die HABICHT erneut als Viehtransporter. Für
Passagierfahrten kam er nicht wieder zum Einsatz.
Am 13. Januar 1957 kenterte das Schiff mit einer
Ladung Rinder an Bord auf der Fahrt von Kolding
nach Kiel im Sturm und sank unweit von Kiel-Feu-
erschiff. Es gelang wenige Tage später, den Dampfer zu heben und nach Kiel einzuschleppen. Da
eine Reparatur als nicht mehr lohnend befunden
wurde, verkaufte die Reederei den Dampfer nach
Travemünde zum Abbruch.

Fördedampfer HABICHT an der Landungsbrücke in Süderhaff um 1902.   Foto: Sammlung Autor

Moltke

Carl Feuerloh, Stettin
Bauwerft: Stettiner Oderwerke, AG für Schiffs- und Maschinenbau, Stettin /
Baunummer: 478 / 102 BRT /
32,00 m Länge ü. a. / 5,80 m Breite /
1 Compound / 240 PS / ca. 7,5 kn / 1 Schr. /
Besatzung: 6

Zu Beginn des Jahres 1898 lief der Passagier- und Frachtdampfer Moltke in Grabow bei Stettin vom Stapel. Der Stettiner Reeder Carl Feuerloh stellte den Dampfer im März des gleichen Jahres für Fahrten ab Stettin in Dienst. Das Schiff, welches vor allem auf der unteren Oder bis Swinemünde und Misdroy beschäftigt war, ging 1906 durch Verkauf in den Besitz der Dampfschiffahrts-Gesellschaft »Misdroy«, Stettin, über. Jedoch kaufte Carl Feuerloh bereits 1909 die Moltke zurück und beschäftigte sie bis 1911 erneut für Fahrten ab Stettin. Der Dampfer wechselte in der Folgezeit häufig den Eigner: 1911 hatte der Stettiner Ernst Behnke das Schiff gekauft, es jedoch bereits 1912 an einen gewissen Georg Lassen nach Langballing weiter veräußert. In dieser Zeit soll der Dampfer auch als Schlepper im Einsatz gewesen sein. Als Fischereifahrzeug war die Moltke von 1917 bis 1920 in Bremerhaven beheimatet. 1920 kaufte ein Herr H. Sprenger die Moltke. Neuer Heimathafen wurde nun Flensburg. Umbenannt in Harbølle lief der Dampfer nach einem weiteren Verkauf 1922 unter dänischer Flagge. 1938 wurde der Dampfer zum Passagier-Motorschiff umgebaut. Von 1934 bis 1941 war das Schiff als Klintenkongen für dänische und norwegische Eigner im Einsatz. Ab 1942, umbenannt in Jonas, stellte Kristian Ravn aus Narvik das Motorschiff in seinen Dienst. Seit dem 28. November 1958 gilt die ehemalige Moltke als verloren.

Der Passagier-und Frachtdampfer Moltke um 1910.
Foto: Sammlung Günther Dame

Poel

Gustav & Peter Steinhagen, Kirchdorf
(Insel Poel)
Bauwerft: C. H. Barmann, Wismar /
1 Dampfmaschine / 25 PS / 1 Schr.

Ende 1899 wurde der Dampfer Poel von den Gebrüdern Gustav und Peter Steinhagen bei der Werft von Carl Barmann in Wismar in Auftrag gegeben. Der hölzerne Dampfer, ein Nachbau der

Wismarer Dampfer PAUL und ALICE, wurde im Frühjahr 1900 als POEL im Verkehr Poel – Wismar in Dienst gestellt. Ab 1909 war das Unternehmen Peter & Paul Steinhagen neuer Eigner des Schiffes. 1914 erhielt die POEL ein neues Ruderhaus und eine neue Dampfmaschine. Bereits beim ersten Eis gab es mit dem Dampfer Probleme. Er mußte aus der Fahrt genommen werden, wollte man größere Schäden vermeiden. 1920 wurde die POEL an den Schiffer Franz Wendt nach Waase Ummanz (Insel Rügen) verkauft, der den Dampfer in DELPHIN umbenannte. Der neue Eigner setzte die DELPHIN weiter im Personenverkehr an der Küste Westrügens ein, führte damit aber auch Schweinetransporte durch. Der Volksmund bezeichnete den Dampfer deshalb auch als »Swiendamper«. Die ehemalige POEL wurde später noch zum Motorschiff umgebaut. Sie wurde nach 1945 verschrottet.

INSEL POEL

Peter u. Paul Steinhagen
Kirchdorf / Poel
Bauwerft: Gebrüder Maaß, Neustrelitz /
Baunummer: 71 / Verdrängung: 98 t /
24,40 m Länge / 4,72 m Breite /
1 Compound / 145 PS /
1 Schr. /
Besatzung: 3

Am 23. Februar 1910 wurde der Dampfer als GRAF VON ZIETEN–SCHWERIN für die Neu-Ruppiner Dampfschiffahrt-Gesellschaft von Otto Jenge vom Stapel gelassen.

Die Gebrüder Steinhagen aus Kirchdorf (Insel Poel) kauften 1920 den Dampfer und nannten ihn INSEL POEL. Damit war es das zweite Schiff, das diesen Namen erhielt. Die im Jahr 1911 auf der Rostokker Neptunwerft fertiggestellte erste INSEL POEL (111 BRT) war nur kurze Zeit zwischen Wismar und der Insel Poel im Einsatz. Sie wurde 1916 von der Kaiserlichen Marine beansprucht. Die kleinere zweite INSEL POEL wurde vorrangig für den Verkehr Kirchdorf – Wismar eingesetzt, kam aber auch für Ausflugsfahrten bis nach Boltenhagen zum Einsatz. 1926 erhielt der Dampfer ein etwas höheres Ruderhaus und achtern ein Rettungsboot mit Davit. Im April 1945 befand sich die INSEL POEL in Lübeck, wo sie repariert werden sollte, jedoch nicht wurde. Die

Bewirtschaftung hatte der bis 1914 in Wismar ansässige Reeder Heinrich Krohn aus Lübeck übernommen. Unter seiner Korrespondenz beschäftigte er die INSEL POEL für Fahrten in der Lübecker Bucht. Mit Genehmigung des britischen Shipping-Controlers konnte der Eigentümer des Schiffes, Peter Steinhagen, 1948 den Dampfer nach Kirchdorf überführen. 1958 wurde das Schiff in der Kirchsee der Insel Poel aufgelegt. 1960 ist es dort im Eisgang gesunken. Das Wrack wurde nicht wieder gehoben. Bei Niedrigwasser sollen noch Reste des Wracks zu sehen sein.

NIXE

Norddeutscher Lloyd, Bremen
Bauwerft: G. Seebeck AG., Geestemünde /
Baunummer: 134 / 728 BRT /
75,4 m Länge / 9,2 m Breite /
1 III-Exp. 1900 PS /
16,5 kn / 2 Seitenräder /
Passagiere: 570 /
Besatzung: 32

Der Seitenraddampfer NIXE, der vom Norddeutschen Lloyd für den Seebäderdienst im Küstengebiet der Nordsee in Auftrag gegeben wurde, konnte am 4. Mai 1899 in Dienst gestellt werden. In der Sommersaison beschäftigte die Reederei den Dampfer überwiegend für Fahrten nach Helgoland, in den Wintermonaten dagegen auch zu Fahrten an der italienischen Mittelmeerküste.

Seitenraddampfer Nixe 1905.

Foto: Sammlung Autor

Die Kaiserliche Marine nutzte die Nixe während des ersten Weltkrieges als Hilfsschiff und Tender. Der Dampfer, der nach dem Krieg nicht an die Siegermächte abgeliefert werden mußte, kam 1919 wieder für Passagierfahrten zum Einsatz. Ab 1920 verkehrte er auch auf der Route Swinemünde–Pillau. Alwin Meyer aus Altona übernahm 1925 den Raddampfer, den er weiterhin als Nixe beschäftigte. 1926 war die Nixe für das Unternehmen Frisia GmbH in Altona registriert. Ab 1928 wurde sie für Fahrten ab Stettin eingesetzt. Die Nixe galt jedoch nie als ein Stettiner Schiff; sie war hier auch nie registriert. Die Nixe wurde 1930 in Stettin abgebrochen.

WERNER

Stettiner Dampfschiffs-Gesellschaft
J. F. Braeunlich, Stettin /
Bauwerft: Nüschke & Co., Stettin /
Baunummer: 100 / 89 BRT /
29,60 m Länge / 5,42 m Breite /
1 Compound / 150 PS /
10 kn / 1 Schr. /
Passagiere: ca. 300 /
Besatzung: 5

Zusammen mit den Schwesterschiffen Hans und Hanni wurde 1900 der Dampfer Werner fertiggestellt. Von diesem Trio war allerdings nur die Werner als Seeschiff klassifiziert. Die Reederei beschäftigte den Dampfer auf der Linie Stettin–Grabow–Bredow–Züllchow–Frauendorf–Gotzlow– Gienke–Kratzwieck und zurück. Bereits nach kurzer Einsatzzeit durch die Reederei von J. F. Braeunlich wurde die Werner an das Stettiner Unternehmen Albert Stenzel & Rolke verkauft. 1902 zeichnete die Dampfschiffs-Gesellschaft »Gotzlow«, Stettin, als Eigentümer des Dampfers. Ab 1909 war die Werner in Cammin beheimatet, wo sie zur Stettin-Wollin-Cammin-Dievenower Dampfschiffs-Gesellschaft m.b.H. gehörte. Zusammen mit dem Motorboote Dievenow I kam der Dampfer in der Saison mehrmals täglich zwischen Cammin und Dievenow zum Einsatz. Die Werner wurde 1925 in Wollin und 1929 in Dievenow umbenannt und 1930 zum Binnenschiff eingestuft. Sie erreichte Anfang Februar 1945 den Strelasund. Bis zum Januar 1946 lag der

Dampfer WERNER als STRELASUND der DSU um 1952.   Foto: Sammlung Autor

Dampfer in Stralsund auf. Danach wurde er, inzwischen wieder fahrbereit, in STRELASUND umbenannt und Eigentum des Rates der Stadt Stralsund. Zu dieser Zeit war er als Haff- und Boddenschiff klassifiziert und im Bodden für 330 Personen zugelassen. An den Wochenenden kam die STRELASUND ab 1947 zwischen Stralsund und Neuendorf in Fahrt. Der Dampfer diente aber auch als Versorgungs- und Personentransportschiff bei der Bergung der ehemaligen Hapag-Passagierschiffe HAMBURG und HANSA. Im Januar 1950 übernahm die DSU die STRELASUND und beschäftigte sie auf der Linie Stralsund–Lauterbach sowie nach Baabe, Greifswald und Wolgast. Sonntags waren weiterhin Fahrten von Stralsund nach Neuendorf im Angebot. In der Saison 1953 kam der Dampfer zwischen Wismar und Kirchdorf auf der Insel Poel in Fahrt. Im August 1954 unternahm die ehemalige WERNER ihre letzte Ausflugsfahrt. In Wolgast wurde der Dampfer 1955 abgebrochen.

WILHELMSBURG

Wachsmuth & Krogmann, Hamburg
Bauwerft: Heinrich Brandenburg, Hamburg /
Baunummer: 145 / 70,3 BRT /
21,5 m Länge / 5,9 m Breite /
2 Compound / 138 PS /
6,5 kn / 2 Schr. /

Passagiere: 230 /
Besatzung: 3

Für die bereits 1831 gegründete Hamburger Reederei Wachsmuth & Krogmann wurde 1901 der kleine Dampfer WILHELMSBURG auf einer der älte-

Der Dampfer WILHELMS-
BURG als Motorschiff BINZ
auf der Fahrt von Lubmin
nach Rügen.
Foto: Sammlung Autor

Als GRET PALUCCA im Jahr
1987 auf der Nordsee.
Foto: Gerhard Fiebiger

sten Schiffswerften Hamburgs erbaut. Die Kaiserliche Marine hatte 1914 den Dampfer der Hilfsmi-
nendivision Ostsee zur Verfügung gestellt. Nach
dem Krieg kam das Schiff ebenfalls auf der Ostsee
in Fahrt. 1920 kaufte es die Saßnitzer Dampfschiffsgesellschaft m. b. H., Saßnitz. In BINZ umbenannt lief das Schiff als Salondampfer bis zum

Beginn des zweiten Weltkrieges auf den Linien
dieser Rügener Reederei. Der erste größere Umbau, bei dem das Schiff mit Daimler-Benz-Diesel-
motoren ausgerüstet wurde, fand 1930 statt. Im
Juni 1935 wurde das Motorschiff nochmals umgebaut. Auf der Schiffswerft von Otto Fröhling in
Stralsund trennte man die BINZ in der Mitte und

verlängerte sie anschließend um 6 Meter. Außerdem erhielt sie 2 DKW-Dieselmotoren mit insgesamt 200 PS. Nach dem Umbau war das Motorschiff mit 110 BRT vermessen und 27,4 Meter lang. Ab März 1940 diente die BINZ als Verkehrsboot bei der Kriegsmarinewerft in Kiel, ab Juni 1940 als Sicherungsschiff bei der U-Boot-Abnahme-Kommission (U. A. K.). Laut Aussagen von Saßnitzer Bürgern ist das Motorschiff BINZ in der Nacht vom 4. zum 5. Mai 1945 mit SS-Angehörigen und Angehörigen der deutschen Wehrmacht von Saßnitz aus in Richtung Westen ausgelaufen. Nach dem zweiten Weltkrieg bis 1951 war das Schiff weiterhin für die Saßnitzer Dampfschiffsgesellschaft mit Sitz in Hamburg registriert und in Fahrt. Neuer Eigentümer des Motorschiffes wurde 1951 die Inselgemeinde Langeoog. Vorerst behielt das Schiff den Namen BINZ, später wurde es in LANGEOOG III umbenannt. Ein weiterer Umbau fand 1955 auf der Jade-Werft in Kiel statt. Danach war die LANGEOOG III mit 123 BRT vermessen, 27,38 Meter lang, 5,99 m breit und für 315 Personen zugelassen. 1966 erhielt die LANGEOOG III 2 Mercedes-Benz-Dieselmotoren von jeweils 213 PS. Die Schiffahrt der Inselgemeinde Langeoog verkaufte 1978 die LANGEOOG III an Dethlef Dethlefs nach List auf Sylt, der sie als GRET PALUCCA bis 1987 in Fahrt hatte. Durch eine Zwangsversteigerung wurde 1987 die Sparkasse Nordfriesland zum neuen Eigner. Im Mai des gleichen Jahres verkaufte die Sparkasse das Schiff nach Schweden.

ODIN

Stettiner Dampfschiffs-Gesellschaft
J. F. Braeunlich, Stettin
Bauwerft: Stettiner Oderwerke, AG für Schiffs-
und Maschinenbau, Stettin /
Baunummer: 526 / 1 177 BRT /
77,6 m Länge ü. a. / 10,3 m Breite /
2 III-Exp. / 2 200 PS /
16,0 kn / 2 Schr. /
Passagiere: 1 400 / 52 Schlafkabinen I. Klasse /
Besatzung: 44

In Auftrag gegeben für die Linien Stettin–Saßnitz–Trelleborg wurde die ODIN am 8. Februar 1902 vom Stapel gelassen. Im Mai 1902 fand die erste Probefahrt des Neubaus auf der Ostsee statt. In neunstündiger Fahrt entwickelte das Dampfschiff eine Durchschnittsgeschwindigkeit von 16 Knoten in der Stunde. Nach erfolgreicher Probefahrt stellte die Reederei das moderne und komfortabel eingerichtete Schiff im vorgesehenen Liniendienst ein. Die ODIN war für die große Küstenfahrt mit spezieller Eisverstärkung erbaut worden. Auf dem vorderen Sturmdeck befand sich der Gesellschaftssalon I. Klasse, darunter, auf dem Hauptdeck, der Speisesalon, von dem aus ein zweiter Gesellschaftssalon erreicht werden konnte. Neben einem Rauchsalon auf dem hinteren Sturmdeck gab es noch einen Decksalon II. Klasse und auf dem Hauptdeck ein Fürstenzimmer sowie einen Damensalon. Zu den beiden Längsseiten des Schiffes waren auf dem Hauptdeck die Schlafkabinen angeordnet. Alle Räume wurden mit elektrischem Licht versehen. Ab 1909 beschäftigte die Reederei den Dampfer ODIN im Seebäderverkehr zwischen Stettin und der Insel Rügen. Im ersten Weltkrieg diente die ODIN nach einem Umbau der Kaiserlichen Marine als Hilfs-Streuminendampfer auf der Ostsee. Die Reederei erhielt ihr Schiff Ende 1918 zurück, mußte es aber am 14. März 1919 an Großbritannien abliefern. Die ODIN, die als Eigentum des britischen Shipping Controller in Stettin verblieb, konnte schon 1920 von der Stettiner Dampfschiffs-Gesellschaft zurückgekauft werden. 1920 kam die ODIN als größtes Schiff für den »Seedienst Ostpreußen« zwischen Swinemünde und Pillau in Fahrt. Nach einer Neuvermessung 1924 verfügte sie über 1 137 BRT. Der Dampfer wurde bereits 1938 in den Dienst der deutschen Kriegsmarine gestellt. Ab September 1939 wurde die ODIN für den Einsatz als Ziel- und Sicherungsschiff der U-Boot-

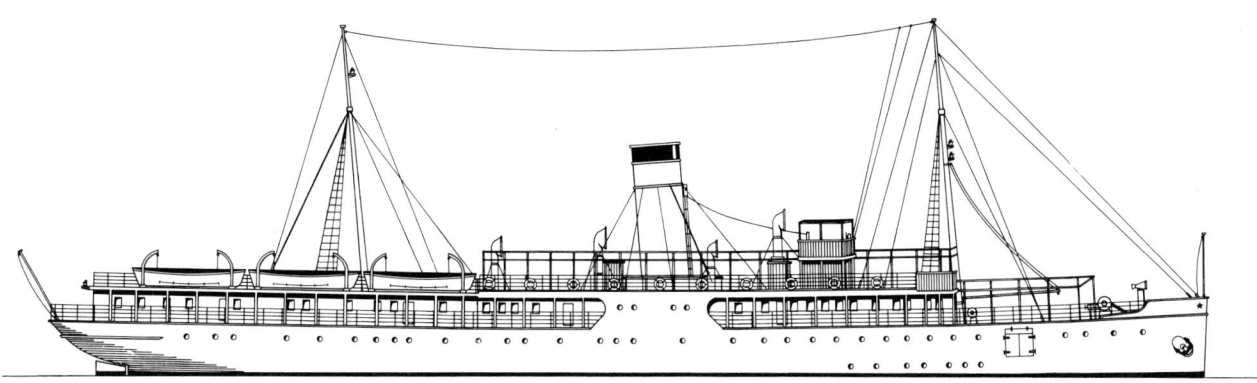

Schule unterstellt. Etwa ab 1942 beschäftigte die Kriegsmarine die ODIN als Beischiff der Ausbildungsgruppe für die Front-U-Boote (AGRU-FRONT).

Am 7. August 1944 sank das Dampfschiff bei Schießübungen im Rahmen des Ausbildungseinsatzes aus ungeklärten Gründen in der Danziger Bucht.

Die ODIN als Seebäderdampfer der Reederei J. F. Braeunlich.

Foto: Sammlung Autor

Neue Dampfschiffs-Reederei Frisia, Norderney
Bauwerft: P. Boele Pz, Slikkerveer (NL) /
Baunummer: 483 / 168 BRT /
40,38 m Länge / 6,06 m Breite /
1 III-Exp. / 250 PS / ca. 7 kn / 1 Schr. /
Besatzung: 7

Im Dezember 1903 wurde der Dampfer unter dem Namen DEN BOMMEL für die Stoomboot Mij. Den Bommel, A. Witten van Reede in Arnhem in Dienst gestellt. Die 1906 gegründete »Neue Dampfschiffs-Reederei Frisia« kaufte aus den Niederlanden den Dampfer als ihr erstes Schiff. Dieser Kauf wurde auf zwei Namen von Mitbegründern dieses neuen Schiffahrtsunternehmens von Norderney, Heye Bakker und August Redell, abgeschlossen. Der in FRISIA I umbenannte Dampfer erreichte am 19. April 1907 die Insel Norderney. Da die erste Fahrt mit diesem Passagierschiff kostenlos war, fanden sich besonders viele Fahrgäste an diesem Tag an der Anlegestelle der FRISIA I ein. Der Dampfer wurde bis 1916 im Passagier- und Frachtverkehr der Reederei beschäftigt. Dazu gehörte eine fahrplanmäßige Schiffsverbindung zwischen Norddeich und den Inseln Norderney und Juist. Für 120000 Reichsmark gelang es, die FRISIA I 1916 an die Reederei Carl Kopf nach Geestemünde zu verkaufen. Dieser Verkauf bedeutete für die Inselreederei eine erwünschte Stärkung ihrer Zahlungsmittel. Carl Kopf ließ den Dampfer von 1916 bis 1917 in Lübeck zum Fischereifahrzeug umbauen. Es erhielt die Kennung PG 233. Während der dritten Fangreise wurde der Fischdampfer, er trug noch immer den Namen FRISIA I, nach Beschuß britischer Seestreitkräfte am 2. November 1917 im Kattegat versenkt.

Der Dampfer FRISIA I im Inselverkehr.   Foto: Reederei Norden-Frisia AG

PRINZ HEINRICH (I)

Dampfschiffahrts-Gesellschaft »Misdroy«, Stettin
Bauwerft: Stettiner Oderwerke, Grabow / Baunummer: 544 / 358 BRT / 75 NRT / 50,29 m Länge / 7,64 m Breite / 2 III-Exp. / 600 PS / 10 kn / 2 Schr. / Besatzung: 21

Nach der Fertigstellung des Dampfers wurde die PRINZ HEINRICH 1904 für den Verkehr zwischen den Seebädern auf der Insel Wollin in Dienst gestellt. Die Dampfschiffahrts-Gesellschaft »Misdroy« verkaufte bereits 1908 das noch neue Seebäderschiff, das jedoch weiterhin in Stettin registriert blieb. Neue Eigner wurden Karl Böttcher aus Charlottenburg und Karl Roeseler aus Friedenau. Ab 1912 ist nur noch Karl Böttcher als Eigner genannt. Die PRINZ HEINRICH blieb nach dem Verkauf an J. Groenewegen, Dordrecht, 1919 nicht mehr auf der Ostsee im Einsatz. Als KERKERAK war sie vor allem.in Fahrt. 1922 wurde sie an das Unternehmen Antonios Chandris in Piräus verkauft und in HIMARRA umbenannt. Schon ein Jahr später wechselte das Schiff erneut den Besitzer. Als KODJA ELI gehörte es ab 1923 der Administration de Navigation á Vapeur Turque in Istanbul. Bis zum Abbruch 1942 blieb die ehemalige PRINZ HEINRICH unter der Flagge der Türkei mit Heimathafen Istanbul. Sie wechselte jedoch noch zweimal den Besitzer: ab 1933 gehörte sie der Denizyollari Idaresi und ab 1939 der T. C. Münakalat Vekalat i Devlet Denizyollari Isletme U. M. Eine nochmalige Umbenennung fand nicht statt; 1933 wurde lediglich eine Korrektur des Namens in KOCAELI vorgenommen. 1942 wurde der Dampfer abgebrochen.

Die PRINZ HEINRICH im Seebäderdienst um 1911.   Foto: Sammlung Autor

Karl Schumacher, Rostock
Bauwerft: Arnheim (Niederlande) /
122 BRT / 30,90 m Länge / 4,85 m Breite /
1 Compoud / 84 PS /
1 Schr. /

Der Rostocker Reeder Karl Schumacher kaufte 1926 den 1904 gebauten Dampfer aus den Niederlanden, der sich bis zu dieser Zeit im Einsatz auf dem Rijn und dem Wal befand. Das äußerst rank gebaute Schiff erwies sich für den längeren Einsatz auf der Ostsee als ungeeignet. Schumacher setzte das Schiff unter dem Namen WARNEMÜNDE ab 1927 für Fahrten von Rostock nach Warnemünde, aber auch für kürzere Strecken auf See von Rostock oder von Warnemünde aus, ein. Im Sommer 1937 übernahm der Rostocker Reeder Paul Hahn die gesamte Flotte des in finanzielle Schwierigkeiten geratenen Unternehmens Schumacher. Das Einsatzgebiet des Fahrgastschiffes änderte sich nach dem Besitzerwechsel nicht. Am 31. Juli 1941 erwarb der Stettiner Hugo R. Müller für 18 000 RM den Dampfer. Unter dem neuen Namen GNEISENAU wurde am 5. November 1941 mit der fortlaufenden Nummer 1 259 der Dampfer für die Reederei Carl Müller, Stettin, in das Binnenschiffsregister Stettin mit Heimathafen Stettin eingetragen. Während eines Luftangriffs auf Stettin versenkten im Frühjahr 1945 alliierte Flugzeuge die GNEISENAU in der Nähe der Stettiner Bahnhofsbrücke.

Der Dampfer WARNEMÜNDE in Fahrt für die Reederei Paul Hahn in Warnemünde.   Foto: Sammlung Autor

ADLER

Hamburg-Amerika Linie, Hamburg
Bauwerft: Howaldtswerke AG, Kiel /
Baunummer: 392 / 594 BRT /
62,0 m Länge ü. a. / 7,6 m Breite /
1 III-Exp. / 750 PS /
11,0 kn / 1 Schr. /
Passagiere: ca. 200 /
Besatzung: 23

Der Stapellauf des Schiffes fand, entgegen den üblichen Regeln, ohne Namen am 8. Oktober 1904 statt. Auftraggeber des Dampfers soll ein Konsortium aus Kiel gewesen sein, welches den Neubau für einen Post- und Passagierdienst auf der Ostsee einsetzen wollte. Als Antriebsmaschine war eine Zoelly-Turbine mit einer Leistung von 1200 PS eingebaut. Das Schiff wurde jedoch vorerst nicht abgeliefert. Es diente der Werft für einige Jahre als Turbinen-Versuchsschiff; als Ersatz für den üblichen Schiffsnamen erhielt es die Ziffer 392. Die Bauwerft bot das Schiff 1912 erfolgreich zum Verkauf an. Vor der Übergabe an die Hapag, die den Neubau als Seebäderdampfer zum Einsatz bringen wollte, erhielt das Schiff statt der Turbine eine Dreifach-Expansionsmaschine. Nach erfolgreicher Probefahrt am 10. Juli 1912 brachte die Hapag den Dampfer als ADLER auf der Nordsee im Dienst zu den Seebädern in Fahrt. Dabei erwies sich das Schiff als äußerst seetüchtig. In der Zeit vom 12. November 1914 bis zum November 1918

diente der Dampfer der Kaiserlichen Marine als Rettungsschiff. In dieser Zeit befanden sich 177 Krankenbetten und neben der Schiffsbesatzung noch 21 Personen Sanitätspersonal an Bord. Nach der Rückgabe an die Hapag im November 1918 beschäftigte die Reederei die ADLER wieder im Seebäderdienst. Zwischen 1919 und 1925 hatte die ADLER, wie auch alle anderen Seebäderschiffe der Hapag, einen schwarzen Rumpfanstrich und einen schwarzen Schornstein. Erst 1927 erhielt sie einen weißen Rumpfanstrich. Als die Hapag den kleinen Dampfer, der ihr bis 1935 außer als Seebäderdampfer auch im Post- und Güterverkehr in der Vor- und Nachsaison gute Dienste geleistet hatte, zum Verkauf anbot, fand sich schnell ein Käufer. Am 5. Oktober 1935 wurde die Firma Louis Köster in Altona Eigentümer des in SEEADLER umbenannten Schiffes. Doch bereits nach wenigen Wochen, am 6. Dezember 1935, verkaufte diese Firma den Dampfer an das Unternehmen G. Sergo & Co. nach Reval. Als AEGNA wurde der Dampfer im Juli 1940 von der Estnischen Staatlichen Seeschiffahrts-Reederei, Tallin, übernommen. Im August 1941 nach Leningrad überführt und dort als U-Boot-Basis eingesetzt erhielt das Schiff während des Krieges den Namen VOLKOW. Nach dem Krieg diente es weiterhin als Basis- und Versorgungsschiff der Baltischen Rotbanner-Flotte. 1947 wurde die als Zielschiff genutzte VOLKOW vor der der estnischen Küste vorgelagerten Insel Aegna versenkt.

Der Dampfer ADLER der Hapag kurze Zeit nach dem ersten Weltkrieg noch mit schwarzem Rumpfanstrich.
Foto: Sammlung Dr. Jürgen Meyer

HERTHA (III)

Stettiner Dampfschiffs-Gesellschaft
J. F. Braeunlich, Stettin
Bauwerft: Stettiner Oderwerke, AG für Schiffs-
und Maschinenbau, Stettin /
Baunummer: 547 / 1257 BRT /
81,9 m Länge ü. a. / 10,4 m Breite /
2 III-Exp. / 2600 PS /
15,0 kn / 2 Schr. /
Passagiere: 1280 /
Besatzung: 54

Vorgesehen für den Dienst Saßnitz–Trelleborg lief die HERTHA im April 1905 vom Stapel. Das Stettiner Schiffahrtsunternehmen konnte den Dampfer am 7. Juni 1905 in Dienst stellen. Bis zum Beginn des ersten Weltkrieges blieb die HERTHA im Besitz der Stettiner Dampfschiffs-Gesellschaft J. F. Braeunlich, die es ab 1909 im Seebäderdienst Stettin–Swinemünde zu den Seebädern an der Ostküste Rügens beschäftigte. Die im gleichen Dienst stehenden Dampfer RUGARD, ODIN und FRIGGA wurden im Wechsel auch für Sonderfahrten, beispielsweise auf der Linie Stettin–Swinemünde–Heringsdorf–Seelin–Binz–Stubbenkammer–Saßnitz und zurück, eingesetzt. Am 6. August 1914 stellte die Kaiserliche Marine die HERTHA für ihre Dienste ein. Vorgesehen für den Einsatz als Hilfs-Lazarettschiff mit der Bezeichnung E wurde das Schiff zwar entsprechend umgebaut, jedoch ab September 1914, nach erneuter Umrüstung, als Hilfs-Streuminendampfer in Fahrt gebracht. Die Reederei, die den Dampfer 1919 zurückerhielt, setzte ihn weiterhin als Seebäderschiff ein. Neben dem bereits genannten Dienst zu den Rügener Seebädern war die HERTHA gelegentlich auch zu Ausflugsfahrten nach Bornholm oder Kopenhagen unterwegs. Ab Oktober 1939 diente die HERTHA bei der 23. U-Boot-Flottille der deutschen Kriegsmarine als Wohn- und Zielschiff. Am 17. September 1945 mußte der Dampfer an Großbritannien abgeliefert werden. Als HEIMARA seit 1946 unter griechischer Flagge sank der Dampfer nach einer Grundberührung und danach erfolgter Kesselexplosion am 19. Januar 1947 auf der Höhe vor Piräus im Mittelmeer. Über eine spätere Bergung ist nichts bekannt.

Der Dampfer HERTHA im Ostsee-Dienst.   Foto: Sammlung Autor

KAISER

Nordsee-Linie Dampfschiffs-GmbH, Hamburg
Bauwerft: Stettiner Maschinenbau AG »Vulcan«, Stettin/
Baunummer: 263 / 1916 BRT /
96,40 m Länge ü. a. / 11,65 m Breite /
2 Curtiss-AEG-Dampfturbinen / 5400 PS /
20,0 kn / 2 Schr. /
Passagiere: 20 in Kabinen I. Klasse /
ca. 2000 Deckspassagiere /
Besatzung: 75

Auftraggeber des ersten Handelsschiffes mit Turbinen deutscher Konstruktion und deutschen Fabrikats war die Hamburger Nordsee-Linie. Am

Schiff und rüstete es zum Hilfsstreuminendampfer um. Der achtere Schornstein wurde aus taktischen Erwägungen entfernt. Ausgestattet mit 200 Minen wurde die KAISER zum Auslegen verschiedener Minensperren eingesetzt. Zum Ende des Krieges diente das Schiff in der Vorpostenflottille »Elbe« als Flaggschiff. Nach dem Krieg erhielt die Hapag die KAISER zurück, die noch 1918 von einem Minentreffer beschädigt wurde und erst wieder fahrbereit gemacht werden mußte. Bei diesen Werftarbeiten erhielt die KAISER wieder einen zweiten Schornstein. Im August 1919 wurde das Schiff von Großbritannien beschlagnahmt, jedoch nicht unter britischer Flagge in Fahrt gebracht. Die Hapag

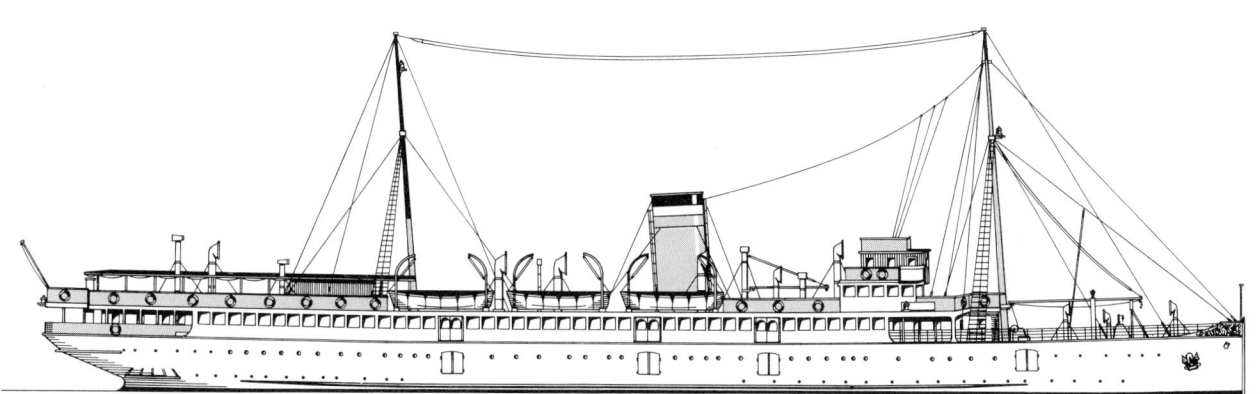

8. April 1905 lief die KAISER vom Stapel. In Dienst gestellt wurde sie am 10. September 1905 jedoch durch die Hamburg-Amerika Linie, da die Hapag am 1. Januar 1905 alle Schiffe und Anlagen der Nordsee-Linie durch Ankauf übernommen hatte. Die Hapag beschäftigte den Turbinendampfer KAISER nach der Indienststellung im Dienst Hamburg–Helgoland–Sylt. Gelegentlich kam das Schiff auch für Fahrten Kaiser Wilhelms II. zum Einsatz. Im Frühjahr 1913 befand sich die KAISER in Fahrt auf der Route Genua–Nizza. Am 4. August 1914 übernahm die Kaiserliche Marine das

kaufte am 23. September 1921 das Schiff zurück und ließ es 1922 auf der Bremer Vulkan Schiffbau- und Maschinenfabrik in Vegesack umbauen. Danach hatte die KAISER eine neue Maschinenanlage mit nur noch 3000 PS Leistung, sie lief durchschnittlich 16 kn und konnte 1949 Passagiere aufnehmen. Außerdem war der zweite Schornstein entfernt worden. Das mit Kohlen beheizte Schiff wurde später bei Blohm & Voss auf Ölfeuerung umgestellt.

Am 17. Juni 1923 hatte die KAISER unterhalb der Stör mit dem aufkommenden britischen Dampfer

Seebäderdampfer Kaiser in der Zeit vor dem ersten Weltkrieg.　　　　Foto: Deutsche Fotothek, Dresden

Dampfer Kaiser, die Warnemünder Mole passierend um 1931.　　　　Foto: Erhard Schäfer

BELLBRO eine folgenschwere Kollision, bei der die Steuerbordseite des Seebäderschiffes oberhalb der Wasserlinie beschädigt wurden. Von 1887 Passagieren an Bord wurden eine Person getötet und vier schwer verletzt. Bis 1934 lief die KAISER im Hamburg-Helgoland-Dienst, wurde dann aber von der neuen KÖNIGIN LUISE abgelöst und seit dem 1. Juli 1934 in den »Seedienst Ostpreußen« eingestellt. Speziell für diesen Einsatz erhielt das Schiff zusätzliche Kabinen und einen neuen größeren Schornstein. Am 28. August 1939 übernahm die deutsche Kriegsmarine das Turbinenschiff und rüstete es zum Hilfsminenleger um. Neben 180 Minen bestand die Bewaffnung aus 2 8,8-cm-Kanonen. Der Dienst als Minenschiff begann am 6. September 1939. Seit Oktober 1943 diente die KAISER als Versuchsschiff. Am 27. Januar 1945 verließ das Schiff den Hafen von Pillau in Richtung Westen. In Bremerhaven mußte es am 28. August 1945 an Großbritannien abgeliefert werden. Unter britischer Flagge ist die KAISER jedoch nicht in Fahrt gekommen, sondern sie wurde 1946 an die UdSSR abgeliefert und in NEKRASOV umbenannt. Auch unter sowjetischer Flagge kam das Schiff nicht in Fahrt. Im April 1947 übergab die UdSSR das Passagierschiff an die VR Polen, die es in BENIOWSKI umbenannte. Unter der Regie der Gdynia-Ameryka Linie, Gdynia, wurde bei Earle's Shipbuilding & Engineering Co in Großbritannien die Maschinenanlage überholt. Alle übrigen Reparaturen führte die Stocznia Pologna, Gdansk, durch. Die Reederei »Gryf« Zegluga Przbrzenza in Gdansk stellte das Schiff am 22. Juli 1948 mit 61 Mann Besatzung und für 900 Passagiere ausgerüstet, davon 150 in Kabinen, in Dienst. Fahrtroute der BENIOWSKY war Sopot–Gdynia–Szczecin. 1949 wurde aus der BENIOWSKY ein Schulschiff der polnischen Marine, das ein Jahr später, in Gdynia aufgelegt, als stationäres Schulschiff und Internat der Seefahrtsschule Gdynia diente. In Szczecin wurde 1954 das bekannteste ehemalige deutsche Seebäderschiff abgebrochen.

VORWÄRTS

Norddeutscher Lloyd, Bremen
Bauwerft: Bremer Vulkan Schiffbau- und Maschinenfabrik, Vegesack /
Baunummer: 494 / 726 BRT /
64,9 m Länge ü. a. / 12,6 m Breite /
2 III-Exp. / 1000 PS /
12 kn / 2 Schr. /
Passagiere: 1040 /
Besatzung: 23

Bereits bei der Erteilung des Bauauftrags für die VORWÄRTS beim Bremer Vulkan durch den Norddeutschen Lloyd stand der Einsatz des Dampfers als Seebäderschiff und Tender in Bremerhaven fest. Am 19. Mai 1905 wurde der Neubau auf den Namen VORWÄRTS getauft und vom Stapel gelassen. Bereits einen Monat später lief die VORWÄRTS zur Probefahrt aus. Am 15. Juni des gleichen Jahres konnte sie in Dienst gestellt werden. Während des ersten Weltkrieges diente die VORWÄRTS einige Zeit als Zubringer für die Vorpostenboote der Kaiserlichen Marine. 1919 konnte der Norddeutsche Lloyd das Schiff wieder in seine Dienste stellen. Anfang 1938 kaufte die Firma Leth & Co, Hamburg, das Schiff, veräußerte es aber bereits im Sommer 1939 an die deutsche Kriegsmarine, die es in WARNOW umbenannte und zum U-Boot-Tender umbauen ließ. Nach dem Kriege wurde in Hamburg aus dem Dampfer ein schwimmendes Arrestschiff für Angehörige der britischen Besatzungsmacht. Am 24. Februar 1948 erwarb die Hapag den Dampfer, ließ ihn umbauen und setzte ihn wieder als VORWÄRTS im Seebäderdienst ein. Das letzte Schiff, das die Hapag für diesen Zweck erworben hatte, beendete 1952 den Hapag-Seebäderdienst und damit eine lange Tradition. Die VORWÄRTS lag ab September 1952 in Hamburg auf und wurde im November des gleichen Jahres an die Hamburger Abwrackfirma Eisen & Metall Leth & Co. verkauft.

Seebäderdampfer Vorwärts im Einsatz für den Norddeutschen Lloyd.   Foto: Sammlung Autor

GROSSHERZOGIN ALEXANDRA

Ribnitz-Wustrower Dampfschiffs-Gesellschaft, Wustrow /
Bauwerft: Schiffswerft- und Maschinenfabrik »Neptun«, Rostock /
Baunummer: 252 / 48,04 BRT /
21,75 m Länge ü. a. / 4,50 m Breite /
1 Dampfmaschine / 70 PS /
9 kn / 1 Schr. /
Passagiere: 140 /
Besatzung: 6

Der Dampfer wurde 1905 in Rostock fertiggestellt und gelangte noch im gleichen Jahr in seinen Heimathafen Wustrow. Die Ribnitz-Wustrower Dampfschiffs-Gesellschaft beschäftigte die GROSS-

HERZOGIN ALEXANDRA vorwiegend im Saaler Bodden zwischen Ribnitz und Wustrow. Fahrgäste waren vor allem Urlauber, die mit dem Zug nach Ribnitz kamen und zu den Ostseebädern auf dem Fischland, dem Darß oder nach Zingst wollten. Neben dem Liniendienst war der Dampfer auch für Ausflugsfahrten auf den Boddengewässern der Umgebung im Einsatz. Mit dem Ausbau der Straßen und des Eisenbahnnetzes in diesem Gebiet ging die Linienschiffahrt zurück. Da die GROSSHER-ZOGIN ALEXANDRA nicht mehr die erforderliche Auslastung erreichte, verkaufte die Dampfschiffs-Gesellschaft 1930 das Schiff. Neuer Eigner wurde A. Birkit. Dieser veräußerte kurze Zeit später den Dampfer an Kaptiän Walter Krusemark aus Barth,

GROSSHERZOGIN ALEXANDRA als Dampfer WALTER um 1951.   Foto: Sammlung Autor

der ihn, umbenannt in WALTER, ab Heimathafen Barth weiter auf den Boddengewässern beschäftigte. Gelegentlich dampfte die WALTER auch nach Stralsund oder sie war im Hiddensee-Fahrwasser anzutreffen. Während des zweiten Weltkrieges verblieb das Schiff in Barth, von wo es als wichtiges Verkehrsmittel nach Dierhagen und Wustrow und auf der Linie Barth–Prerow–Zingst zum Einsatz kam. Nach dem Krieg gehörte der Dampfer WALTER weiterhin Walter Krusemark. 1955 wurde die WALTER im VEB Boots- und Reparaturwerft

Barth zum Motorschiff umgebaut. Der Rat der Stadt Ueckermünde kaufte 1963 das Schiff und übergab es dem Wirtschaftsbetrieb »Hafftourist« zur Personenbeförderung. Umbenannt in UECKERMÜNDE besaß das Motorschiff zu dieser Zeit einen Dieselmotor aus dem Schlepper HELLA (100 PS), welcher 1955 eingebaut wurde. 1972 erhielt die UECKERMÜNDE einen Dieselmotor (6 NVD 24) mit 150 PS Leistung. Der Zweckverband Hafftourist in Ueckermünde beschäftigte 1987 das Schiff weiterhin zwischen Haff und den Boddenstationen.

SASSNITZ

Motorboots-Gesellschaft, Saßnitz
Bauwerft: Stettiner Oderwerke, AG für Schiffs- und Maschinenbau, Stettin /
Baunummer: 563 / 68 BRT /

27,85 m Länge / 5,18 m Breite /
1 Compound / 150 PS / 9,0 kn / 1 Schr. /
Passagiere: 127 /
Besatzung: 6

Der elegant wirkende eiserne Schraubendampfer SASSNITZ hatte im April 1906 seinen Stapellauf auf der Oder in Stettin. Sein Neuwert betrug etwa 65 000 Reichsmark. Das äußerlich einer Jacht gleichende Dampfschiff war der erste Neubau der Motorboots-Gesellschaft, Saßnitz, aus der später die Saßnitzer Dampfschiffahrtsgesellschaft G. m. b. H. wurde. Mit diesem neuen Dampfer und den vier bereits vorher vorhandenen kleineren Motorbooten konnte die Reederei zur Saison 1906 ein weitaus umfangreicheres Fahrtenprogramm ab Hafen Saßnitz anbieten, als es in den Jahren zuvor der Fall war. Außer den bisherigen Fahrtzielen zum nahe gelegenen Ostseebad Binz und zur Seebrücke bei Stubbenkammer unterhalb

des vielbesuchten Königstuhls gehörten seitdem auch noch Lohme im Norden und Göhren im Süden zu den Fahrtzielen. Auch die Schiffsabfahrten vervielfachten sich mit der Vergrößerung des Schiffsbestandes. Die SASSNITZ wurde überwiegend für Fahrten in See ab Saßnitz sowie nach Göhren oder Lohme beschäftigt. Im Laufe der Firmenvergrößerung kamen später noch andere Reiseziele hinzu. In der Vor- und Nachsaison kam es gelegentlich vor, daß die SASSNITZ als Schleppdampfer genutzt wurde. Über Einsätze der SASSNITZ in den beiden Weltkriegen gibt es nur wenige Hinweise. Im zweiten Weltkrieg soll das Schiff als Behördendampfer für verschiedene Aufgaben in der östlichen Ostsee eingesetzt gewesen sein. 1946

Dampfer SASSNITZ am Schiffsanleger eines Rügener Seebades.   Foto: Sammlung Wolfgang Müller

ist der Dampfer durch eine Unachtsamkeit einer an Bord beschäftigten Person auf dem Gelände der ehemaligen Krögerwerft in Stralsund gesunken. Die SASSNITZ wurde wieder gehoben und 1949 in der VEB Warnowwerft Warnemünde als TULOMA für die Sowjetunion wiederhergestellt.

HOHENZOLLERN

Norderneyer Dampfschiffs-Reederei »Einigkeit«, Norderney
Bauwerft: Gebrüder Sachsenberg G.m.b.H., Rosslau /
Baunummer: 560 / 248 BRT /

51,12 m Länge / 6,71 m Breite /
1 Compound / 560 PS /
14 kn / 2 Seitenräder /
Passagiere: 500 /
Besatzung: 7

Die HOHENZOLLERN in Fahrt für die Reederei »Einigkeit«.

Foto: Reederei Norden-Frisia AG

Der Seitenraddampfer HOHENZOLLERN wurde 1906 in Rosslau an der Elbe fertiggestellt. Im April 1906 hatte der Dampfer seine Probefahrt auf der Nordsee, die er zur vollen Zufriedenheit der Auftraggeber bestand. Die Reederei beschäftigte die HOHENZOLLERN bis zum Sommer 1909 vorwiegend auf der Linie Norddeich–Norderney. Nach der Auflösung der Reederei »Einigkeit« im Jahre 1909 ging die HOHENZOLLERN in den Besitz der Neuen Dampfschiffs-Reederei Frisia, Norderney, über. Der neue Eigner beschäftigte den Seitenraddampfer unter dem Namen FRISIA IV unverändert im gleichen Fahrtgebiet. Über den Einsatz des Schiffes im Dienst der Kaiserlichen Marine während des ersten Weltkrieges gibt es keine Hinweise.

Nach dem Krieg dampfte der Raddampfer wieder auf den gewohnten Routen im Inseldienst. Bereits 1917 hatten sich die Reedereien »Norden« und »Frisia« zur AG Reederei Norden-Frisia, mit Sitz in Norderney, zusammengeschlossen, die auch die FRISIA IV bereederte. Am 17. März 1942 übernahm die deutsche Kriegsmarine den Dampfer. Er diente unter der Bezeichnung M 4245, später M 4465, als Minensucher. Widersprüchlich sind die Angaben zum Endschicksal des Dampfers. Laut Gröner ging der Raddampfer am 27. August 1944 in der Gironde durch Kriegseinwirkung verloren. Andere Quellen berichten, daß der Dampfer im Dienst der Kriegsmarine durch eine Fahrlässigkeit des eigenen Maschinisten gesunken ist.

BERLIN

Swinemünder Dampfschiffahrts-Akt.-Gesellschaft, Swinemünde
Bauwerft: Nüschke & Co. AG, Stettin /
Baunummer: 138 / 503 BRT /
56,1 m Länge lt. Register / 8,1 m Breite /
1 III-Exp. / 800 PS /

12,5 kn / 1 Schr. /
Passagiere: ca. 550 /
Besatzung: 22

Der dritte Neubau für die Swinemünder Dampfschiffahrts-A.-G., der Dampfer BERLIN, wurde

Die BERLIN in Fahrt von Stettin nach Swinemünde.   Foto: Max Dreblow

1905 in Auftrag gegeben und lief im darauffolgenden Jahr vom Stapel. Im März 1906 konnte der Passagierdampfer in Dienst gestellt werden. Er wurde überwiegend im Liniendienst zwischen Stettin und Swinemünde eingesetzt. Am 24. Juli 1914 kollidierte die BERLIN aufgrund von einem Ruderversager im Papenwasser nahe der Odermündung mit dem Schlepper OSTSEE. Danach kollidierte das Passagierschiff leicht mit dem schwedischen Erzdampfer PORJUS (nicht mit der GELLIVARA!) und sank, jedoch nur teilweise, denn aufgrund der geringen Wassertiefe befand sich nur der vordere Teil des Dampfers unter Wasser. Einige in Panik geratene Passagiere sprangen über Bord. Die BERLIN konnte aber bald wieder gehoben werden. Sie wurde zunächst aufgelegt und später repariert. Während des ersten Weltkrieges kam sie nicht in Fahrt. Nach dem Krieg wurde die

als Salon-Schnelldampfer bezeichnete BERLIN wieder auf der Linie Stettin–Swinemünde in Fahrt gebracht. Während des zweiten Weltkrieges war die BERLIN unter der Bezeichnung H 208 für kurze Zeit für die deutsche Kriegsmarine im Dienst. In den letzten Apriltagen 1945 lief das Schiff mit Flüchtlingen an Bord in Richtung Dänemark aus. Am 3. Mai 1945 erreichte die BERLIN den dänischen Hafen Vordingborg, wo sie bis Juli aufgelegt blieb. Im Juli befand sich das Schiff in Kopenhagen, ab August 1945 in Hamburg. Am 27. Februar 1946 mußte sie als Reparationszahlung an die UdSSR abgeliefert werden. Es folgten Instandsetzungs- und Renovierungsarbeiten in der Schiffsreparaturwerft in Wismar. Umbenannt in PESTEL war der Dampfer noch bis mindestens 1959 unter sowjetischer Flagge in den Küstengewässern des Schwarzen Meeres im Einsatz.

DR. ZIEGNER-GNÜCHTEL

Stadt Wilhelmshaven
Bauwerft: Jos. L. Meyer, Papenburg /
Baunummer: 199 / 169,58 BRT /
34,15 m Länge / 6,87 m Breite /
2 Compound / 250 PS /
10 kn / 2 Schr. /
Passagiere: 240 /
Besatzung: 8

Der Doppelschraubendampfer DR. ZIEGNER-GNÜCHTEL, von der Stadt Wilhelmshaven in Auftrag gegeben, lief im August 1906 in Papenburg vom Stapel. Nach der Ablieferung des Dampfers konnte mit diesem Neubau im Oktover 1906 der geplante Verkehr auf der Route Wilhelmshaven–Eckwarderhörne aufgenommen werden. Ab 1907 beschäftigten die Eigner die DR. ZIEGNER-GNÜCHTEL auch für Ausflugsfahrten nach Helgoland und Wangerooge. Die Kaiserliche Kriegsmarine setzte den Dampfer während des ersten Weltkrieges als Stabsschiff für die Minensuch-Division auf der Jade ein. Ab 1919 gelangte der Dampfer wieder in den Besitz der Stadt Wilhelmshaven. Bis 1927 be-

fand sich die DR. ZIEGNER-GNÜCHTEL im Seebäderdienst ab Wilhelmshaven, vorrangig in der Fahrt nach Helgoland. Der große Passagierdampfer wurde 1928 von der »Mönchguter Motorschiffslinie« der Gebrüder Wittmiß aus Gager auf Rügen gekauft. Umbenannt in ERNST-MORITZ-ARNDT und mit Heimathafen Sellin setzte die Reederei den Dampfer nach einem Umbau der Passagiereinrichtungen im Seebäderdienst an der Küste der Insel Rügen ein. Der Dampfer ERNST-MORITZ-ARNDT war mit Abstand das größte Schiff der Reederei. Die Schiffe der »Mönchguter Motorschiffslinie« wurden vorrangig zwischen Göhren und Saßnitz, mit Zwischenstationen in Sellin und Binz, beschäftigt. Aber auch Ostsee-Fahrten sowie der Verkehr nach Greifswald oder Stralsund standen auf dem Programm. 1934 verkaufte das Mönchguter Unternehmen den teuren »Kohlenfresser« an die Saßnitzer Dampfschiffsgesellschaft m. b. H. nach Saßnitz. Als STUBBENKAMMER lief sie weiterhin Seebäder Rügens an, unternahm Fahrten in See und zum Greifswalder Bodden. Im zweiten Weltkrieg wurde der Dampfer von der deutschen Kriegs-

Die Dr. Ziegner-Gnüchtel als Ernst Moritz Arndt vor der Rügener Küste.   Foto: Sammlung Autor

marine eingezogen und diente u. a. als Truppentransportschiff. Etwa um das Jahr 1942 gelangte die Stubbenkammer nach Kiel, wo das Schiff weiterhin im Dienste der Kriegsmarine stand. Ab 1946 bereederten für kurze Zeit die »Orion« Schiffahrts-Gesellschaft m. b. H., Hamburg, sowie Ernst Behncke aus Hamburg die Stubbenkammer. Bereits vorher von der Kieler Verkehrs A. G., Kiel, für die Förde-Fahrt gechartert, kaufte das Verkehrsunternehmen am 1. November 1948 den Dampfer, um ihn später als Viehtransporter zu beschäftigen. Die Stubbenkammer wurde 1950 von der Flensburger Maschinenbauanstalt Johannsen & Sörensen zum Motorschiff umgebaut. Als Gaarden diente das Schiff bis 1963 ausschließlich als Viehtransporter. Im November 1963 wurde das Motorschiff Gaarden an Joh. Byl nach Borkum zum Abbruch verkauft.

LABOE

Neue Dampfer-Compagnie A. G., Kiel (NDC)
Bauwerft: Howaldtswerke AG, Kiel /
Baunummer: 462 / 266,0 BRT /
34,2 m Länge / 7,9 m Breite /

1 Krupp-Dieselmotor / 1 080 PS /
12,5 kn / 1 Schr. /
Passagiere: 850 bei Fördefahrten / 450 auf See /
Besatzung: 12

Die LABOE in Charter der Skand-Linietrafik, Kopenhagen, 1955/56.
Foto: Jansen

Die LABOE wurde 1907 für die Neue Dampfer-Compagnie als Dampfschlepper mit folgenden technischen Daten erbaut: 257,14 BRT, 36,00 m Länge ü. a., 7,93 m Breite, 1 Dampfmaschine mit einer Leistung von 650 PS. Der Schlepper mit seinen zwei Schornsteinen galt im Bereich der Ostsee über einen längeren Zeitraum als einer der stärksten seiner Art. Auf der Bauwerft in Kiel-Dietrichsdorf wurde er 1929 zum Motor-Passagierschiff mit nur noch einem Schornstein umgebaut. Als größtes Fahrgastschiff innerhalb der Kieler Förde lief die LABOE am 23. Juni 1929 zur ersten Fahrt ab Kiel aus. Noch im Frühsommer des Jahres 1939 vercharterte die Neue Dampfer-Compagnie ihre LABOE an die deutsche Kriegsmarine. Im Mai 1940 direkt von der Marine übernommen, wurde die LABOE äußerlich etwas verändert und 1943 mit einem Dieselmotor der Firma Klöckner-Humboldt-Deutz ausgerüstet. Nach dem zweiten Weltkrieg kehrte die LABOE nach Kiel zurück,

nachdem sie kurze Zeit in einem dänischen Hafen lag. Auf den Howaldtswerken erneut umgebaut, war die LABOE ab Dezember 1948 mit 430 BRT vermessen, 40,18 Meter ü. a. lang und 7,93 Meter breit. Die LABOE galt 1949 als das größte Passagierschiff unter der Flagge der Bundesrepublik Deutschland. Anfangs noch von Kiel nach Kappeln an der Schlei in Fahrt, wurde die LABOE ab Mai 1951 auch für die Dänemark-Fahrt eingesetzt. In dieser Zeit kam das Schiff auch für einige Reisen in Charter der nur kurze Zeit existierenden Kiel-Korsör-Linie zum Einsatz. Nach weiteren Vercharterungen an verschiedene Unternehmen wurde das Motorschiff am 2. November 1961 an die Hamburger Wiking-Reederei- und Schiffahrtsgesellschaft mbH verkauft, die es, in KNUD VIKING umbenannt, im Öresund in Fahrt brachte. Im Winter 1972 brannte das Schiff im Hafen von Kopenhagen, wo es derzeit aufgelegt war, aus. Es wurde daraufhin verschrottet.

WESTFALEN

A.-G. »Ems«, Emden
Bauwerft: Jos. L. Meyer, Papenburg /
Baunummer: 220 / 354 BRT /
57,25 m Länge / 7,18 m Breite /

1 Compound / 700 PS /
11 kn / 2 Seitenräder /
Passagiere: etwa 380 /
Besatzung: 17

Die Westfalen im August 1937 in Leer.

Foto: Sammlung Autor

Als im April 1907 der Raddampfer Westfalen an die A.-G. »Ems« abgeliefert werden konnte, hatte diese Reederei im Verkehr zwischen Emden und Borkum bereits alle Konkurrenz verdrängt. Mit ihren beiden besonders langen Schornsteinen prägte die Westfalen über lange Jahre das Bild im Emdener Außenhafen, wo sich auch das Kontorgebäude der A.-G. »Ems« befand. Neben dem Dienst Emden–Borkum beschäftigte die Reederei den Raddampfer für Ausflugsfahrten nach Helgoland. Auch setzte sie die Westfalen zu Sonderfahrten ab Emden ein. Infolge eines Unfalls wurden die beweglichen Patentschaufeln, mit denen die Westfalen anfangs ausgerüstet war, durch feststehende Schaufeln ersetzt. Über den Einsatz des Raddampfers während des ersten Weltkrieges gibt es keine Angaben. Sicher ist jedoch, daß die Westfalen bis Saisonschluß 1939 noch als Fahrgastschiff ab Emden in Fahrt war. Ab Juni 1942 begann der Einsatz des Dampfers als Minensuchboot M 3802 bei der deutschen Kriegsmarine. Als Hilfsschiff der Kriegsmarine endete der Einsatz des Dampfers am 15. Juni 1944 in St. Nazaire, wo er durch Fliegerbomben getroffen wurde und sank.

ALEXANDRA

Vereinigte Flensburg-Ekensunder und Sonderburger Dampfschiff-Gesellschaft, Flensburg
Bauwerft: Schiffswerfte und Maschinenfabrik (vorm. Janssen & Schmilinsky), Hamburg /
Baunummer: 495 / 140 BRT /

33,62 m Länge / 7,17 m Breite /
1 Compound /
420 PS / 12,0 kn / 1 Schr. /
Passagiere: 589 / auf See 420 /
Besatzung: 5

Der Fördedampfer ALEXANDRA im Ausflugsverkehr um 1960.

Foto: Jansen

Der Stapellauf des kleinen Dampfers, den Prinzessin Alexandra zu Glücksburg im April 1908 auf den Namen ALEXANDRA taufte, fand in Hamburg-Steinwerder statt. Den Salondampfer, der im Juni 1908 erstmals in den Heimathafen Flensburg einlief, setzte die Reederei zu Ausflugsfahrten auf den verschiedensten Routen der Flensburger Fördeschiffahrt sowie als Fährschiff ein. Die ALEXANDRA, Flaggschiff der Gesellschaft, war der Zeit entsprechend mit Einrichtungen des Jugendstils versehen. Es erfreute sich schnell einer großen Beliebtheit bei den Fahrgästen. Zu Beginn des ersten Weltkriegs requirierte die Kaiserliche Marine den eleganten Salondampfer. Er diente während des Krieges als Vorpostenschiff, gelegentlich auch als Scheibenschlepper zwischen Kiel und Apenrade auf der Ostsee. Ohne Schäden konnte der Dampfer nach dem Krieg wieder auf den alten Linien eingesetzt werden. Aus wirtschaftlichen Gründen sah sich 1929 die Reederei gezwungen, die ALEXANDRA in Flensburg aufzulegen. Anfang der 30er Jahre konnte sie wieder in Fahrt gebracht werden.

1936 war die ALEXANDRA als Begleitschiff der Olympiaregatta in Kiel zugeordnet. Im September 1939 von der deutschen Kriegsmarine eingezogen, versegelte die ALEXANDRA nach Kiel und diente dort als Flugsicherungsboot. 1941 wurde sie in die Danziger Bucht verlegt. Unter der Bezeichnung «AY» setzte sie die Kriegsmarine zum Transport von Übungstorpedos sowie als Taucherschiff ein. Kurz vor dem Ende des zweiten Weltkrieges beteiligte sich der Dampfer an der Evakuierung von Flüchtlingen aus Ostpreußen. Oft mit 1000 und mehr Menschen an Bord pendelte das Schiff von der Weichselmündung nach Danzig und Gotenhafen oder brachte Flüchtlinge zu größeren Transportschiffen zur Reede von Hela. Das alte Dampfschiff überstand den zweiten Weltkrieg und konnte sich auch gegenüber den moderneren und schnelleren Motorschiffen der Nachkriegszeit behaupten. 1972 war die ALEXANDRA wiederum als Begleitschiff bei der Olympiade in Kiel im Einsatz. Am 31. August 1975 dampfte sie zu ihrer letzten Fahrt von Glücksburg nach Flensburg. Dort lag sie

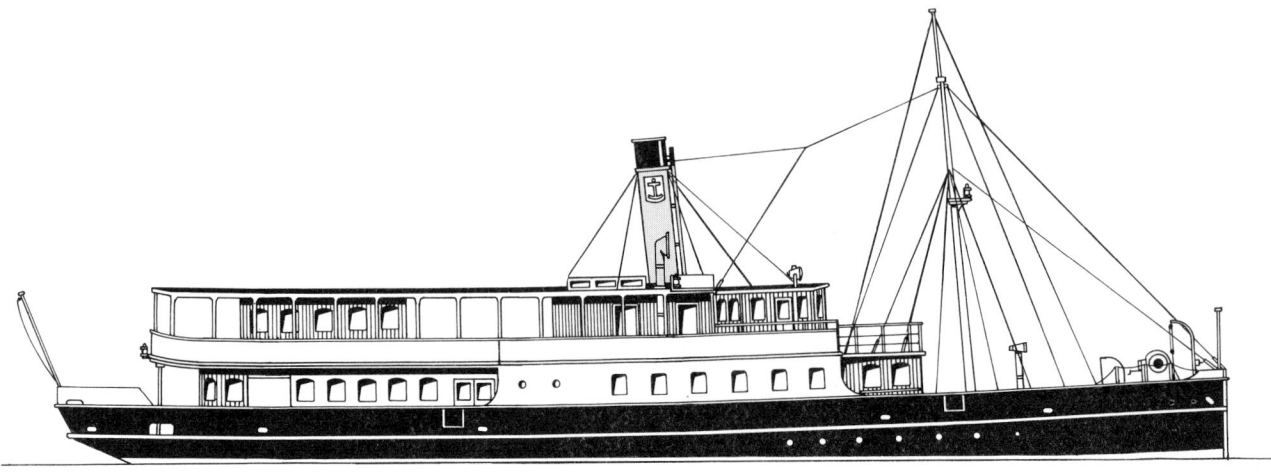

bis 1980 auf. Seit ihrer ersten Fahrt, im Juni 1908, legte die ALEXANDRA rund 600000 Seemeilen zurück. Die Förde-Reederei GmbH, Flensburg, der Eigentümer des Schiffes, schenkte den Dampfer dem 1979 gegründeten gemeinnützigen «Verein zur

Förderung dampfgetriebener Fördeschiffe e. V.». Ende 1986 wurde beschlossen, die «Alex» für rund 800000 DM restaurieren zu lassen und wieder fahrbereit zu machen. Danach soll die ALEXANDRA ab 1989 als Museumsschiff wieder in Fahrt kommen.

FÖHR-AMRUM

Wyker Dampfschiffs-Rhederei GmbH,
Wyk auf Föhr
Bauwerft: Howaldtswerke AG, Kiel /
Baunummer: 490 / 220 BRT /
36,6 m Länge / 7,4 m Breite /
2 Compound / 240 PS / 10 kn / 2 Schr. /
Passagiere: 470 /
Besatzung: 6

Der Stapellauf des Personen- und Postdampfers FÖHR-AMRUM fand am 30. April 1908 in Kiel statt. Nach erfolgreicher Beendigung der Probefahrt, zu der der Doppelschraubendampfer am 27. Mai des gleichen Jahres auslief, wurde die FÖHR-AMRUM in den Liniendienst der Wyker Dampfschiffs-Rhederei eingestellt. Der Neubau der FÖHR-AMRUM war zur Zeit der Indienststellung das größte Schiff der Reederei. Neben der komfortablen Inneneinrichtung und einem geräumigen Sonnendeck war Platz

zur Aufnahme von Pkws vorhanden. Die FÖHR-AMRUM dampfte vorrangig auf der Linie Dagebüll-Wyk-Wittdün und beförderte neben Passagieren auch Post und Frachtgüter. Der Fahrplan des Dampfschiffes war tidenabhängig und deshalb nicht gleichlaufend. Am 26. Juli 1944 griffen alliierte Flugzeuge den Dampfer auf der Fahrt von Wyk zur Insel Amrum an, wobei der Kaptiän des Schiffes tödlich getroffen wurde. Die Versorgungsfahrten zwischen dem Festland und den Inseln wurden wegen der sich häufenden Fliegerangriffe in die Nacht verlegt. Der Dampfer FÖHR-AMRUM, der den Krieg überstand, brauchte nach 1945 nicht an die Siegermächte abgeliefert zu werden. Die HADAG charterte in der Zeit von 1946 bis 1947 das Schiff für den Einsatz im Niederelbe-Dienst zwischen Hamburg und Wischhafen. 1958 verkaufte die HADAG das Schiff an die Fähr- und Schiffahrts GmbH, Cuxhaven, die im gleichen

Der Dampfer FÖHR-AMRUM 1910 an der alten Landungsbrücke in Wyk.
Foto: Wyker Dampfschiffs-Reederei

Jahr den Dampfer in HANSA umbenannte. Heimathafen wurde 1961 die Hafenstadt Flensburg, und die Hansa-Linie zeichnete als neuer Eigner. Nach verschiedenen Umbauten wurde die ehemalige FÖHR-AMRUM 1964 in Hamburg bei W. Ritscher abgebrochen.

PRINZ HEINRICH (II)

Borkumer Kleinbahn und
Dampfschiffahrts A.-G.,
Emden /
Bauwerft: Jos. L. Meyer, Papenburg /
Baunummer: 240 / 212 BRT /
37,15 m Länge / 7,02 m Breite /
2 Compound / 300 PS /
11 kn / 2 Schr. /
Passagiere: 390 /
Besatzung: 11

Im Juli 1909 lief in Papenburg die PRINZ HEINRICH vom Stapel. Der Dampfer konnte bereits im September 1909 in Dienst gestellt werden. Danach beschäftigte die Reederei die PRINZ HEINRICH im Verkehr zwischen Emden und Borkum. In diesem Fahrtgebiet wurde zwischen den Eignern der PRINZ HEINRICH, der Leerer Dampfschiffahrtsgesellschaft und der A.-G. »Ems«, Emden, ein heftiger Konkurrenzkampf ausgetragen. Auch von den beiden anderen Unternehmen befanden sich Schiffe im Verkehr zwischen Emden und Borkum. Den zweiten Weltkrieg überstand der Dampfer PRINZ HEINRICH. In den Jahren des Neubeginns nach 1945 gehörte er zu den wenigen noch verbliebenen Verkehrsmitteln im Insel-Dienst. 1952 in HESSEN umbenannt, ging das Schiff 1958 in den Besitz der A.-G. «Ems», Emden, über. Bis zu dieser Zeit war die ehemalige PRINZ HEINRICH das einzige Schiff der Borkumer Kleinbahn und Dampfschiffahrts A.-G., Emden. 1959 wurde der Dampfer zum Motorschiff umgebaut. Äußerlich stark verändert, verfügte die HESSEN statt der beiden Dampfmaschinen über zwei Dieselmotoren (6 Zylinder Daimler-Benz). Das Motorschiff HESSEN blieb noch 10 Jahre in Fahrt. 1959 wurde es an H. Karsten, Hildesheim, verkauft. Umbenannt in MISSISSIPPI diente es danach als stationäres Ausstellungsschiff mit Liegeplatz auf der Trave in Lübeck.

Die PRINZ HEINRICH nach dem Umbau zum Motorschiff HESSEN.   Foto: A.-G. »Ems«

KRONPRINZ WILHELM

Paul Mestermann, Rostock
Bauwerft: Schiffswerft und Maschinenfabrik
»Neptun«, Rostock /
Baunummer: 306 / 151 BRT /
34,5 m Länge ü. a. / 6,7 m Breite /
1 Compound / 250 PS / 1 Schr. /
Passagiere: 250 /
Besatzung: 9

Auftraggeber des auf den Namen KRONPRINZ WIL-
HELM getauften Fahrgastdampfers war der Rostokker Kapitän Paul Mestermann. Der feierliche Stapellauf des Schiffes fand im März 1910 auf der
Schiffswerft-AG »Neptun« in Rostock statt. Nach
der Fertigstellung im gleichen Jahr hatte Kapitän
Mestermann aufgrund von Unstimmigkeiten mit
der Rostocker Hafenverwaltung vorerst nur die
Möglichkeit, sein Schiff für Fahrten ab Greifswald
einzusetzen. Die anfänglichen Meinungsverschie-
denheiten konnten jedoch ausgeräumt werden, so
daß der Dampfer, wie geplant, von Rostock oder
Warnemünde aus beschäftigt wurde. Zu den Reisezielen der KRONPRINZ WILHELM gehörten u. a. die
Seebäder Arendsee, Heiligendamm, Graal-Müritz und Brunshaupten, das heutige Kühlungsborn. Bei den Fahrgästen waren aber auch Fahrten auf See und Reisen bis nach Dänemark be-
liebt. Ab August 1914 wurden alle Ausflugsfahrten mit dem Dampfer eingestellt. Nach einer kurzen Liegezeit im Rostocker Hafen übernahm die
Kaiserliche Marine die KRONPRINZ WILHELM als
Hilfsschiff und stellte sie als Tender in ihren
Dienst. Der Dampfer diente nach der Niederwer-
fung des Matrosenaufstandes im August 1917 zum
Transport der zu Festungshaft verurteilten Heizer
und Matrosen nach Wilhelmshaven. Nach Kriegsende konnte der Dampfer in seine heimatlichen
Gewässer zurückkehren. Umbenannt in KRON-
PRINZ und gründlich überholt wurde er im Sommer
1920 wieder für Ausflugs- und Linienfahrten ein-
gesetzt. Die wirtschaftliche Lage in Deutschland
machte jedoch einen geregelten Verkehr des
Dampfers unmöglich. Nach einem kurzen Einsatz
im Ostpreußen-Dienst nutzte die Reederei die
KRONPRINZ wiederholt zur Frachtbeförderung. Zu
Beginn der 30er Jahre kam es zur Zwangsverstei-

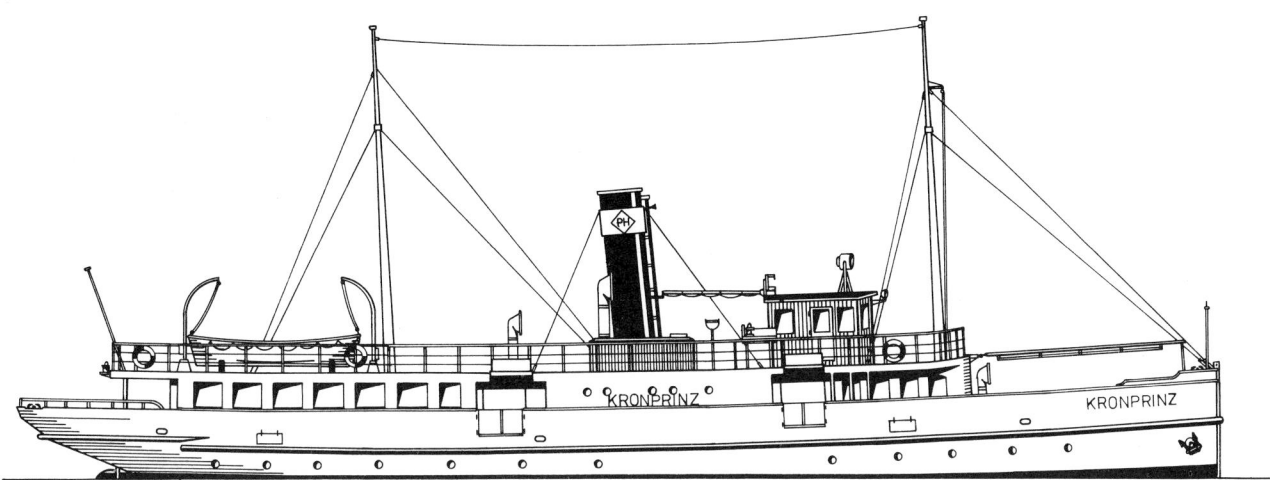

gerung des Dampfers. Neuer Besitzer wurde der Schiffsausrüster und Reeder August Cords aus Rostock. 1934 kaufte der Rostocker Kapitän Paul Hahn, der von 1914 bis 1917 als Matrose auf der KRONPRINZ WILHELM diente, den Dampfer und führte weiterhin Ostseefahrten durch. Die deutsche Kriegsmarine setzte ihn während des zweiten Weltkrieges als Hilfsminensucher und später als Wachschiff ein. Am 29. Juli 1943 wurde die KRON-

PRINZ bei einem Luftangriff auf Warnemünde von Bomben getroffen und brannte aus. Unter großen Schwierigkeiten gelang es von 1948 bis 1951 auf der Werft von Otto Ludewig jr. in Rostock aus den Überresten des Dampfers ein einsatzfähiges Motorschiff zu fertigen. Kapitän Paul Hahn setzte sein Schiff nach dem Umbau als UNDINE unter der Registriernummer 3-330 vorerst als Schlepper und Tender ein. Erst ab 1955 führte die UNDINE Aus-

Der Dampfer als KRONPRINZ in Fahrt nach dem ersten Weltkrieg.   Foto: Sammlung Autor

flugsfahrten mit Passagieren an Bord durch. Ab 1957 wurde der Reeder Paul Hahn ein Vertragspartner der »Weiße Flotte« Stralsund. Das mit einem 300 PS starken Dieselmotor ausgerüstete Schiff wurde nach der Übernahme der UNDINE 1972 von der Reederei Paul Hahn durch die »Weiße Flotte« Stralsund wiederholt umgebaut und modernisiert. 1989 war die UNDINE noch als Schiff der Stralsunder »Weiße Flotte« in Fahrt. Von seinem Liegeplatz am Rostocker Kabutzenhof aus ist die UNDINE für Rundfahrten zum Überseehafen Rostock in Dienst.

HELA

Danziger Dampfschiffahrt- und
Seebad A. G. »Weichsel« Danzig
Bauwerft: Werftbetriebsgemeinschaft
Klawitter & Co., Danzig /
Baunummer: 350 / 614 BRT /
59,6 m Länge / 7,7 m Breite / 2 III-Exp. /
650 PS / ca. 8,0 kn / 2 Schr. /
Besatzung: 29

Vorgesehen für den Bäderverkehr zwischen Danzig und dem Seebad Zoppot ließ die Danziger Dampfschiffahrt- und Seebad A.G. »Weichsel«, die ihren Sitz in der Danziger Hopfengasse hatte, den Dampfer HELA bauen. Im Jahr 1910 wurde der Dampfer mit zwei Schornsteinen fertiggestellt und konnte auf der vorgesehenen Linie beschäftigt werden. Bis 1923 lief die HELA im Seebäderverkehr an der westpreußischen Küste, dann wechselte sie den Besitzer. Neuer Eigner des in HANS HERBERT umbenannten Dampfers wurde der Reeder Paul Zingel aus Danzig. Doch bereits nach kurzer Zeit fand sich für das Schiff ein neuer Käufer, und der Passagierdampfer kam nach Hamburg. Umbenannt in HELGOLAND wurde er überwiegend im Helgoland-Dienst beschäftigt, gelegentlich aber auch für Fahrten zwischen den pom-

Die ehemalige HELA als HELGOLAND in Kolberg.   Foto: Sammlung Autor

merschen Seebädern verchartert. Zu dieser Zeit hatte das Schiff nur noch einen Schornstein. Bis 1928 war die HELGOLAND im Besitz der Küstentransport und Bergungs Aktien Gesellschaft, Hamburg. Das finnische Unternehmen Meritoimi O/Y aus Turku kaufte 1928 nach Auflösung des Hamburger Unternehmens den ehemaligen Danziger Bäderdampfer vom Hamburger Eigner, ließ ihn umbauen und setzte ihn, umbenannt in SUOMI, weiter ein. Ende der 30er Jahre übernahm das bedeutendste Schiffahrtsunternehmen Finnlands, die Finska Angfartygs Aktiebolaget mit Sitz in Helsingfors, den Dampfer. Kurze Zeit vor Beginn des zweiten Weltkrieges kam das Schiff nach Estland. Hier erhielt es den Namen BALTONIA. Die Bewirtschaftung des Dampfers, die ab 1941 unter Beaufsichtigung des Deutschen Reiches gestellt wurde, übernahm die Danziger Reederei Karl F. Gahlbeck, die im März 1944 das Schiff als Besitzer erhielt. Das weitere Schicksal des Dampfers ist ungewiß. Angeblich soll die BALTONIA noch in den letzten Kriegstagen Danzig verlassen haben und nach 1945 in der Britischen Besatzungszone abgebrochen worden sein.

LIEBE

August Prätz, Stralsund
Bauwerft: J. W. Klawitter, Danzig /
Baunummer: 349 / 204 BRT als PIONIER /
49,80 m Länge / 8,98 m Breite /
2 III-Exp. / 440 PS /
9,5 kn / 2 Schr. /

Passagiere: 620 /
Besatzung: 7

Der Doppelschraubendampfer LIEBE wurde 1910 als Eisbrecher für die Königliche Weichsel-Strombauverwaltung gebaut. Auf der Weichsel diente

Dampfer LIEBE beim Verlassen Stralsunds mit Kurs auf Hiddensee.   Foto: Sammlung Otto Lutz

der Dampfer bis 1918 für den Auftraggeber als Eisbrecher, Schlepper und Behördenschiff. Von 1919 bis 1920 gehörte die LIEBE der deutschen Weichsel-Schutzflottille an. Über den Zeitraum von 1920 bis 1930 sind die Angaben ungenau und widersprüchlich. Es ist jedoch anzunehmen, daß der Dampfer auch in dieser Zeit auf der Weichsel beschäftigt war. Die LIEBE wurde erst nach dem Ankauf durch den Stralsunder Reeder August Prätz zu Beginn des Jahres 1930 zum Passagierschiff umgebaut. Nach dem Umbau beschäftigte A. Prätz die LIEBE ohne Namensänderung für ver-

sund–Kloster betrug 1931 auf den Schiffen der Genossenschafts-Reederei 3,– Reichsmark, mit der LIEBE dagegen konnte man für nur –,50 Pfennige nach Hiddensee gelangen. Nach Beendigung der Saison 1931 verkaufte Staude das Schiff an die Genossenschafts-Reederei Hiddensee GmbH für 41 000 Reichsmark. Heimathafen der LIEBE war nun Vitte. Wegen des enormen Kohleverbrauchs setzte die Reederei den Dampfer jedoch nicht im regulären Verkehr, sondern überwiegend für Sonntagsfahrten ab Stralsund ein sowie weiterhin für Fahrten mit Kindertransporten nach Wiek.

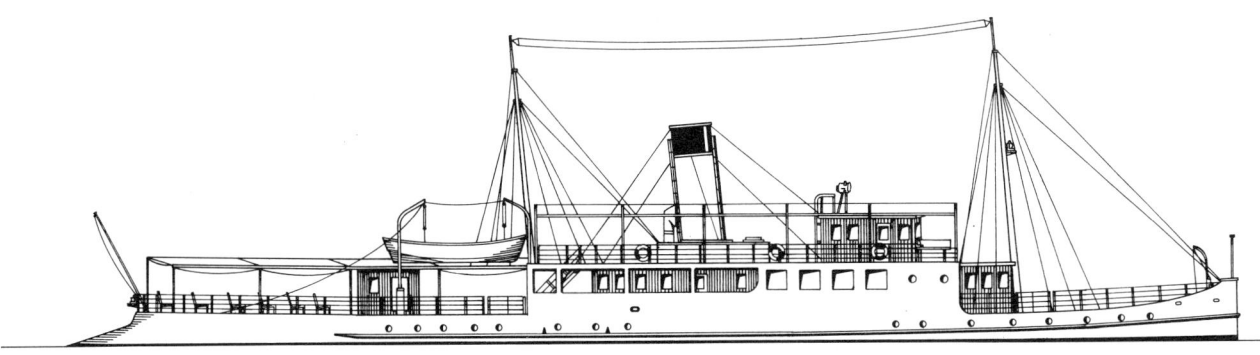

schiedene Fahrten ab Hafen Stralsund. In der Hiddensee-Fahrt wurde das Stralsunder Unternehmen dank des großen Schiffes vor allem der Genossenschaftsreederei Hiddensee GmbH, Vitte, zum gefährlichen Konkurrenten. Der Erfolg sollte jedoch nur von kurzer Dauer sein, denn über längere Zeit war Prätz dem harten Konkurrenzkampf nicht gewachsen. Die Reederei geriet bereits 1931 in Liquidation. Der Stralsunder Spediteur Berthold Staude übernahm die LIEBE sowie den Dampfer HANSA. Die LIEBE beschäftigte er weiterhin vorrangig zwischen Stralsund und Hiddensee, setzte sie aber auch für Kindertransporte zum Sächsischen Kinderheim nach Wiek auf Rügen ein. Da Staude bedeutend kapitalkräftiger war als der vorherige Eigner, blieb die Konkurrentschaft für die Hiddenseer Genossenschaft vorläufig weiter bestehen. Der Fahrpreis für eine Fahrt Stral-

Trotz guter Einnahmen bemühte sich die Reederei, den Dampfer möglichst mit Gewinn zu verkaufen, denn er war hinsichtlich seiner Größe nicht gut für das Hiddenseer Fahrwasser geeignet. 1935 wurde die LIEBE für 21 000 Reichsmark, und damit zu einem Preis, der weit unter dem Wert des Schiffes lag, verkauft. Über den Käufer fehlen die Angaben. Vermutlich gelangte der Dampfer nach Magdeburg, wo er auf der Elbe zum Einsatz kam. Als das Schiff 1938 in Hamburg von der Schiffahrt der Inselgemeinde Langeoog gekauft wurde, trug es den Namen PIONIER. Die PIONIER war in dieser Zeit 36,24 Meter lang, 8,70 Meter breit und mit den ursprünglichen Dampfmaschinen von jeweils 220 PS der Firma Klawitter, Danzig, ausgerüstet. Zugelassen war der Dampfer für 332 Passagiere. Im Jahre 1952 wurde die PIONIER in Langeoog abgebrochen.

Weserfähre F. Döpkens, Gestermünde
Bauwerft: J. Frerichswerft, Einswarden
(Weser) /
Baunummer: 241 / 427 BRT /
45,41 m Länge / 10,02 m Breite /
2 III-Exp. / 650 PS / 10,5 kn / 2 Schr. /
Passagiere: 550 /
Besatzung: ca. 7

Der Dampfer OLDENBURG hatte im Juni 1911 Stapellauf. Er wurde an das Unternehmen Döpkens abgeliefert, kam aber noch im gleichen Jahr zur Weser-Schiffahrts GmbH und diente als Fähre auf der Weser. Von 1915 bis zum Dezember 1918 befand sich der Dampfer im Dienst der Kaiserlichen Marine. Neuer Eigner des Schiffes wurde im Mai 1919 die Hafen-Dampfschiffahrts-Gesellschaft (HADAG), Hamburg, die den Dampfer umbauen ließ und in SENATOR PETERSEN umbenannte. Die SENATOR PETERSEN fand im Unterelbe-Verkehr, vorrangig im Werftbetrieb zur Deutschen Werft-Finkenwerder, und außerhalb der Saison für Viehtransporte, Verwendung. Bei der Deutschen Werft, Tollerort, wurde der Dampfer 1923 zum reinen Ausflugsschiff umgebaut. Er verfügte nach der Fertigstellung über ein größeres Platzangebot für Fahrgäste, und durch veränderte Aufbauten sowie einen zweiten Schornstein war optisch ein völlig neues Schiff entstanden. Beschäftigt wurde die umgebaute und vergrößerte SENATOR PETERSEN für Fahrten zwischen Hamburg und Cuxhaven. 1937 erhielt das Schiff den Namen DIETRICH ECKART (904 BRT, 1800 Passagiere). Diesen Namen behielt es bis zum Mai 1945. Ab Juni 1945 war am Schiff wieder der Name SENATOR PETERSEN zu lesen. Eine gründliche und umfassende Modernisierung des Schiffes wurde im Winter 1947/1948 durch die Lübecker Maschinenbau-Gesellschaft, Lübeck, durchgeführt, bei der man den zweiten Schornstein wieder entfernte. Nach dem Umbau diente der Dampfer als Transportmittel im Unterelbeverkehr sowie im Hafen- und Werft-Dienst. Die Hanseatische Werft, Hamburg–Harburg, baute 1957 die SENATOR PETERSEN zum Motorschiff um. Weitere 10 Jahre lief das Motorschiff unter der Flagge der HADAG, bis es im Juni 1967 nach Schweden verkauft wurde. 1985 lief das Schiff nach mehrmaligen Namenswechsel weiterhin in Schweden als JARL AF VISBY mit Heimathafen Visby.

Dampfer OLDENBURG als
SENATOR PETERSEN um
1955.
Foto: Gerhard Fiebiger

PREUSSEN (I)

August Zedler, Elbing
Bauwerft: Joh. C. Tecklenborg, Geestemünde /
Baunummer: 242 / 376 BRT /
48,70 m Länge / 8,86 m Breite /
2 III Exp. / 450 PS /
9,0 kn / 2 Schr. /
Passagiere: 1550 /
Besatzung: 8

Der stählerne Fahrgastdampfer PREUSSEN wurde 1911 fertiggestellt und von der Reederei A. Zedler in Fahrt gebracht. Ausgerüstet mit zwei Decks und mit ebenfalls zwei Masten versehen, konnten mit der PREUSSEN 1550 Passagiere befördert werden. Der Dampfer wurde vorrangig zwischen Elbing und Kahlberg auf dem Frischen Haff eingesetzt. Aus diesem Einsatzgebiet resultiert die relativ hohe Zahl der für den Dampfer zugelassenen Fahrgäste. Ein wesentlicher Nachteil des Dampfers bestand im großen Windfang und den dadurch auftretenden Problemen beim Steuern des Schiffes. Es ist überliefert, daß die PREUSSEN des öfteren aus dem Fahrwasser gekommen sei und dabei entweder Grundberührung hatte oder festlag. Über den Einsatz des Dampfers während des ersten Weltkriegs und danach sind keine Angaben vorhanden. Vermutlich blieb die PREUSSEN bis zum Beginn des zweiten Weltkriegs im genannten Fahrtgebiet im Einsatz. Von August 1939 bis Dezember 1941 diente der Dampfer der deutschen Wehrmacht in Pillau als Wohnhulk. Durch Kriegseinwirkung wurde die PREUSSEN im Frühjahr 1945 bei Danzig versenkt. Der polnischen Küstenreederei »Gryf« gelang 1947 die Bergung. Nach der Reparatur des Schiffes und einem Umbau für 550 Passagiere konnte der in DIANA umbenannte Dampfer am 29. Juni 1948 erneut in Dienst gestellt werden. Unter polnischer Flagge kam die DIANA für die staatliche Reederei Zegluga Szczecinska mit Heimathafen Szczecin in Fahrt. Mit dem Dampfer wurden die ersten Ausflugsfahrten ab Szczecin zum Seebad Miedzyzdroje veranstaltet. Die DIANA wurde 1988 abgebrochen, nachdem sie 27 Jahre lang als Restaurantschiff diente.

Dampfer PREUSSEN im Einsatz auf dem Frischen Haff.

Foto: Sammlung Reinhard Kramer

110

Vereinigte Flensburg-Ekensunder & Sonderburger Dampfschiffs-Gesellschaft, Flensburg
Bauwerft: Jos. L. Meyer, Papenburg /
Baunummer: 280 / 214 BRT /
36,52 m Länge / 6,32 m Breite /
1 Compound / 260 PS /
10 kn / 1 Schr. /
Passagiere: 405 /
Besatzung: 9

Der Fördedampfer ALBATROS lief im März 1912
vom Stapel und wurde als letzter Neubau der Reederei einen Monat später von der Vereinigten
Flensburg-Ekensunder & Sonderburger Dampfschiffs-Gesellschaft in Dienst gestellt. Das Schiff-
fahrtsunternehmen beschäftigte den Dampfer auf
verschiedenen Linien auf der Flensburger Förde
und gelegentlich auch für Ausflugsfahrten. Im ersten Weltkrieg diente der Dampfer der Kaiserlichen Marine. Ab 1916 war er unter verschiedenen
Kennungen als Tender in der Danziger Bucht eingesetzt. Die letzte Kennung der ALBATROS war HS

60. Die Reederei in Flensburg erhielt nach dem
Krieg ihren Dampfer zurück. Vorerst beschäftigte
sie ihn auf den alten Routen. Die schlechte wirtschaftliche Lage Deutschlands in den 20er Jahren
wirkte sich auch auf das Schiffahrtsunternehmen
aus. Eine zeitweilige Stillegung der ALBATROS
wurde zuerst 1923/24 notwendig, aber auch später
gab es Zeiten, wo der Dampfer aufgelegt werden
mußte. Richtig in Fahrt gekommen ist die ALBA-
TROS erst wieder ab 1935 für die Förde Reederei
GmbH, Flensburg. Nach dem Beginn des zweiten
Weltkrieges wurde die ALBATROS als Hilfsschiff
von der Kriegsmarine eingezogen und erneut in
der Danziger Bucht zum Einsatz gebracht. In den
letzten Monaten des zweiten Weltkrieges diente
die ALBATROS als Transporter. Ab Januar 1945
wurde der Dampfer für die Beförderung von
Flüchtlingen eingesetzt, anfangs von Königsberg
nach Gotenhafen, ab April 1945 von Swinemünde
über Stralsund nach Kiel. 1945/46 hatte die ALBA-
TROS in Flensburg festgemacht. Erst 1946 wurde
das Schiff wieder für Fahrten auf der Flensburger

Dampfer ALBATROS um
1965 auf der Flensburger
Förde.
 Foto: Gerd Uwe Detlefsen

Förde eingesetzt. Neben dem Einsatz als Passagierschiff transportierte sie, wie bereits vor dem Krieg, außerhalb der Saison Vieh nach Dänemark. Im September 1969 wurde sie außer Dienst gestellt. Der Veteran fand für den Schrottpreis einen Käufer, wanderte aber nicht in den Hochofen, sondern wurde zur weiteren Verwendung zum Ostseebad Damp geschleppt. Hier traf die ALBA- TROS im Schlepp des 1908 erbauten Förderdampfers ALEXANDRA am 14. September 1971 ein. Verschiedene Pläne für die Weiterverwendung des ehemaligen Fördedampfers scheiterten. Nur teilweise restauriert, wurde am 28. Mai 1983 an Bord der ALBATROS eine Austellung eröffnet, die an den Einsatz des Schiffes in den letzten Tagen des zweiten Weltkrieges erinnert.

KÖNIGIN LUISE (I)

Hamburg-Amerika Linie, Hamburg
Bauwerft: Stettiner Maschinenbau AG »Vulcan«, Stettin / Baunummer: 344 / 2 163 BRT / 94,0 m Länge ü. a. / 11,8 m Breite / 2 Satz Getriebeturbinen / 5400 PS / 20 kn / 2 Schr. / Passagiere: 1 850 / Besatzung: 86

Der Hapag-Seebäderdampfer KÖNIGIN LUISE lief am 8. Mai 1913 vom Stapel und konnte am 28. September des gleichen Jahres in Dienst gestellt werden. Nur wenige Fahrten waren diesem neuen Schiff beschieden. Es war vor allem nach Helgoland sowie im Frühjahr 1914 im Riviera-Dienst Genua im Einsatz. Am 31. Juli 1914 verließ

KÖNIGIN LUISE bei einer ihrer wenigen Fahrten vor dem ersten Weltkrieg.　　　　Foto: Sammlung Autor

das weiße Seebäderschiff zum letzten Mal Hamburg mit Kurs auf Helgoland. Wie auch die anderen deutschen Seebäderschiffe war die KÖNIGIN LUISE von der Kaiserlichen Marine für den Fall eines Kriegs als Hilfsminenschiff eingeplant. Beim Bau wurde der künftige Einsatz bereits berücksichtigt. Am 1. August 1914 übernahm die Kaiserliche Marine die KÖNIGIN LUISE als »Hilfsstreuminendampfer B«. Innerhalb kurzer Zeit wurde der Dampfer in Cuxhaven mit einem schwarzen Außenanstrich versehen und für den Einsatz als Hilfsminenschiff ausgerüstet. Zur Ausrüstung gehörten Handfeuerwaffen, zwei 3,7-cm-Revolverkanonen, 200 Minen und Munition für zwei 8,8-cm-Kanonen, die jedoch nicht an Bord kamen. Mit 200 Mann Besatzung an Bord lief die KÖNIGIN LUISE am 4. August 1914 von Wilhelmshaven aus in Richtung Themsemündung. Beim Legen einer Minensperre vor der Themsemündung wurde sie am 5. August 1914 vom britischen Kreuzer AMPHION und einem Zerstörergeschwader, bestehend aus 16 Zerstörern der britischen L-Klasse, gestellt und versenkt. Der britische Kreuzer lief beim Rückmarsch nach Harwich auf die von der KÖNIGIN LUISE gelegte Minensperre. Der Kreuzer erhielt einen Minentreffer, der ihn zum Sinken brachte. Dabei kamen 150 Mann ums Leben, darunter 18 Gerettete der KÖNIGIN LUISE.

BUBENDEY

Hamburg-Amerika Linie, Hamburg
Bauwerft: Stettiner Oderwerke, AG für Schiffs- und Maschinenbau, Stettin /
Baunummer: 646 / 981 BRT /
68,1 m Länge ü. a. / 12,20 m Breite /
2 III-Exp. / 1 300 PS /
12,5 kn / 2 Schr. /
Passagiere: 750 /
Besatzung: 16

Als Hapag-Tender lief am 9. Oktober 1913 die BUBENDEY in Stettin vom Stapel. Am 11. Dezember konnte der Dampfer in Dienst gestellt werden. Die Hapag setzte das Schiff bis zum Beginn des ersten Weltkrieges als Tender für ihre Passagierdampfer in Southampton ein. Von 1916 bis 1918 hatte die Kaiserliche Marine den Dampfer für ihre Dienste in Fahrt. Im November 1918 erhielt die Hapag das Schiff zurück. Nach einigen Fahrten im

Der ehemalige Dampfer BUBENDEY als Motorschiff GLÜCKAUF um 1955.   Foto: Sammlung Autor

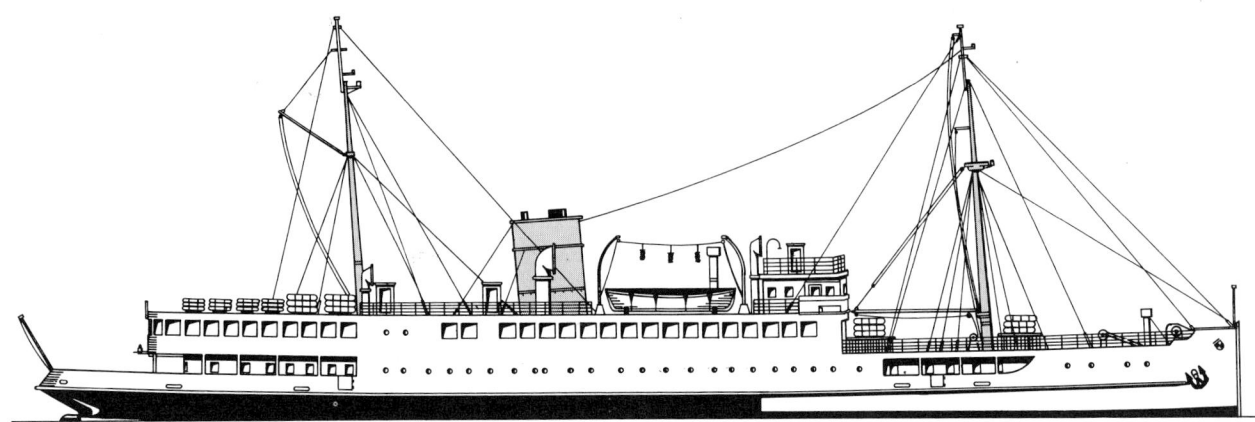

Helgoland-Dienst wurde die BUBENDEY ab 1920 auch im Seedienst Ostpreußen beschäftigt. Die Hapag verkaufte im Dezember 1930 den Dampfer an den Norddeutschen Lloyd, Bremen, der ihn als GLÜCKAUF mit weißem Außenanstrich als Tender einsetzte. Das Schiff wurde wieder nach Southampton verlegt und diente dort als Tender für die beiden großen Lloyd-Passagierschiffe BREMEN und EUROPA. Vom 20. September 1939 bis zum Mai 1945 diente der Dampfer GLÜCKAUF in der deutschen Kriegsmarine als Lazarettschiff F der Station Nord. Vor der Rückgabe des Schiffes an den Norddeutschen Lloyd im August 1946 stand die GLÜCKAUF im Dienst der Royal Navy in Wilhelmshaven. 1948 charterte die Hapag den Dampfer für einige Fahrten im Seebäder-Dienst. Von 1950 bis zum Umbau zum Motorschiff 1954 lag der Dampfer auf. Danach war das Schiff mit 1 171 BRT vermessen und hatte nur noch einen Schornstein. Bis 1960 lief die GLÜCKAUF für den Bremer Seebäderdienst G. m. b. H. unter Lloydflagge nach Helgoland. Als KEHRWIEDER gehörte das Motorschiff ab 1960 kurze Zeit der HADAG (Hafen Dampfschifffahrts-A.-G.) in Hamburg. Von 1961 bis 1963 war es im Besitz der Schiffahrtsgesellschaft Jade mbH., Wilhelmshaven. Seit 1963, nach dem Verkauf an italienische Eigner, lief das Motorschiff unter den Namen ISOLA DEL SOLE und ANNA MARIA LAURO unter italienischer Flagge. 1986 wurde das Schiff in Neapel abgebrochen.

RÜGEN (I)

Stettiner Dampfschiffs-Gesellschaft
J. F. Braeunlich, Stettin
Bauwerft: Stettiner Oderwerke, AG für
Schiffs- und Maschinenbau, Stettin /
Baunummer: 644 / 2 170 BRT /
95,2 m Länge ü. a. / 11,6 m Breite /
2 III-Exp. / 3 100 PS /
15,0 kn / 2 Schr. /
Passagiere: 2 500 /
Besatzung: 45

Am 21. Februar 1914 bei den Stettiner Oderwer-

ken in Stettin vom Stapel gelaufen, konnte die Stettiner Dampfschiffs-Gesellschaft J. F. Braeunlich die RÜGEN am 20. Mai 1914 in Dienst stellen. Bis zum Beginn des ersten Weltkriegs konnte die RÜGEN nur noch für wenige Fahrten im Liniendienst Stettin–Swinemünde sowie zu den Seebädern an der Ostküste Rügens zum Einsatz kommen. Die Kaiserliche Marine erfaßte am 21. November 1914 den Dampfer und brachte ihn als Hilfs-Streuminendampfer in Fahrt. Die Reederei erhielt das Schiff 1918 zwar wieder zurück, mußte die RÜGEN jedoch am 14. März 1919 an Groß-

Salonschnelldampfer Rügen in Fahrt für die Reederei J. F. Braeunlich.   Foto: Sammlung Autor

Die Rügen mit der Schornsteinmarke der Reederei R. C. Gribel in Reval 1925.   Foto: Max Dreblow

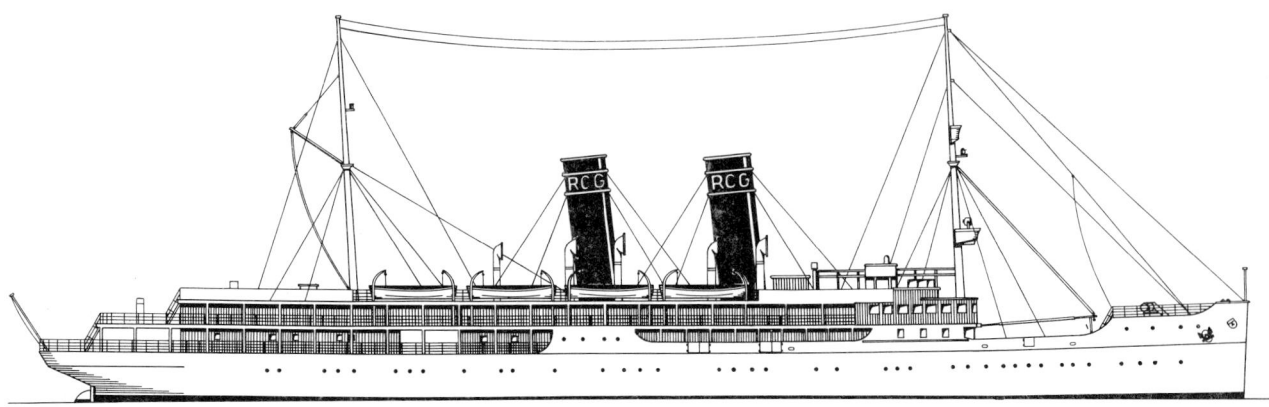

britannien abliefern. Der ehemalige Eigner konnte die RÜGEN, die in Stettin geblieben war, am 17. April 1919 vom britischen Shipping Controller, London, zurückkaufen. Ab 1921 wurde die Stettin-Rigaer Dampfschiffs-Gesellschaft (R. C. Gribel) neuer Eigner des einzigen Stettiner Dampfers mit zwei Schornsteinen. Die Reederei brachte die RÜGEN nach einem Umbau vorrangig in den Sommermonaten im Passagierdienst auf der Route Stettin–Helsingfors (Helsinki) und zu den Baltischen Staaten in Fahrt. Vom 25. September 1939 bis zum 30. September 1945 diente die RÜGEN der deutschen Kriegsmarine als Lazarettschiff der Station Nord (seit 1942 der Station Ost). Sie war zu dieser Zeit mit etwa 240 Krankenbetten ausgerüstet. Am 11. März 1946 mußte der Dampfer als Reparationsleistung an die Sowjetunion abgeliefert werden. Am 3. Juni 1946 erreichte das in IVAN SUSANIN umbenannte Schiff die Schiffsreparaturwerft Wismar, wo es bis zum Dezember des gleichen Jahres umgebaut wurde. Am 31. Dezember 1946 verließ die IVAN SUSANIN die Werft zum neuen Einsatzgebiet unter sowjetischer Flagge. Als Schulschiff im Schwarzen Meer war die ehemalige RÜGEN bis etwa 1960 in Fahrt. Zu dieser Zeit wurde das Schiff aus Lloyd's Register gestrichen.

STETTIN (II)

Swinemünder Dampfschiffahrts-
Akt.-Gesellschaft, Swinemünde
Bauwerft: Werftbetriebsgesellschaft
Klawitter & Co., Danzig /
Baunummer: 386 / 375 BRT /
53,5 m Länge / 7,9 m Breite /
2 III-Exp. / 1 200 PS / 13,0 kn / 2 Schr. /
Passagiere: 600 /
Besatzung: 13

Der Dampfer wurde 1914 von der Administration de Navigation à Vapeur (Ismaíl Rahmi mgr.), Istanbul, als Fährschiff für den Dienst auf dem Marmara-Meer in Auftrag gegeben. Bereits zur Zeit des ersten Weltkriegs, im November 1914, fand in Danzig der Stapellauf des Dampfers als BO-STANDJE statt. Nach dem Stapellauf stellte die Werft den Weiterbau des für die Türkei bestimmten Schiffes ein. Auch nach dem ersten Weltkrieg änderte sich nichts an dieser Situation. Die Swinemünder Dampfschiffahrts-A.-G. kaufte 1927 den Rumpf an, ließ das Schiff als STETTIN fertigstellen und setzte es als Passagierdampfer für den Linien- und Bäderverkehr, zusammen mit den Dampfern BERLIN und SWINEMÜNDE, für Tagesfahrten, Sonderfahrten und im Liniendienst zwischen Stettin und Swinemünde ein. Während des zweiten Weltkriegs diente die STETTIN der deutschen Kriegs-

Die STETTIN um 1936.
Foto: Sammlung
Kurt Pittelkow

marine als Entfernungsmeß- und Artillerie-Schulschiff. Nach Kriegsende verblieb die unbeschädigte STETTIN in Deutschland. Von der TMMC wurde sie 1945 als Nummer 835 erfaßt und beschlagnahmt. In dieser Zeit war das Schiff für die Stettiner Dampfschiffs-Gesellschaft J. F. Braeunlich mit Heimathafen Lübeck eingetragen. Die HADAG charterte 1946 die STETTIN für den Dienst Hamburg–Cuxhaven. Ein Jahr später wurde sie an August Bolten, Wm. Millers Nachf., Hamburg, verchartert. Diese Reederei setzte den Dampfer zwischen Hamburg und Bremerhaven ein. Die STETTIN lag 1949 in Hamburg auf. Am 4. Dezember 1949 sank das Schiff bei einem Sturm in Hamburg durch Wassereinbruch. Es wurde gehoben, instand gesetzt, jedoch bereits 1951 abgewrackt.

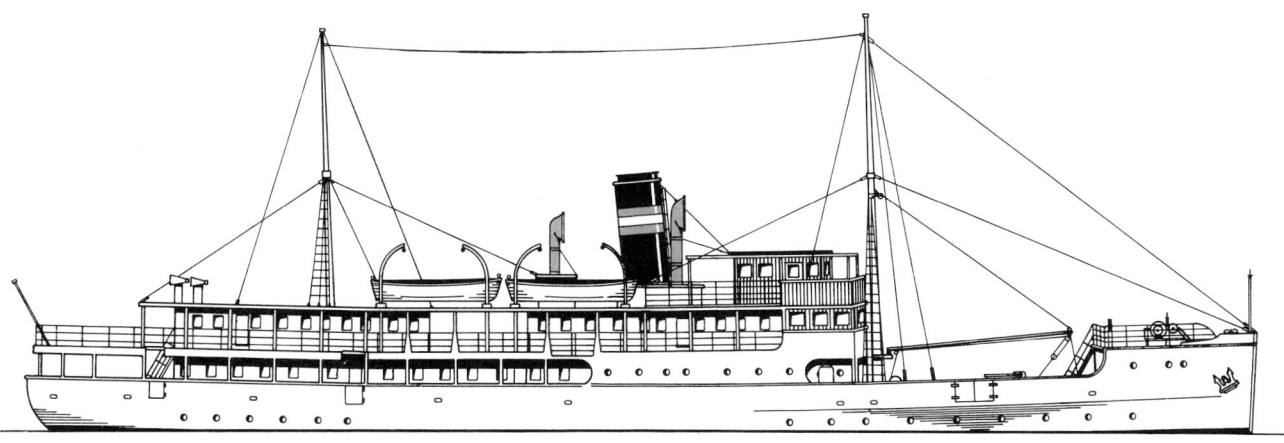

Hafen-Dampfschiffahrt A.G. (HADAG),
Hamburg
Bauwerft: J. G. Tecklenborg, Geestemünde /
Baunummer: 296 / 543 BRT /
56,5 m Länge / 7,40 m Breite /
2 III-Exp. / 1 100 PS /
12 kn / 2 Schr. /
Passagiere: 555 /
Besatzung: 8

Im Auftrag der Kaiserlichen Marine lief der Dampfer am 4. September 1917 als Minensuchboot vom Stapel. Unter der Kennummer M 77 stellte die Marine das Minensuchboot am 30. September des gleichen Jahres in Dienst. Nach dem ersten Weltkrieg lag der Dampfer für längere Zeit auf. Im Juli 1921 wurde der Dampfer Eigentum von R. Schmidt aus Berlin. Im November des gleichen Jahres übernahmen ihn die Gebrüder Luwen aus Duisburg. Nach einem Umbau zum Schleppdampfer 1922 fuhr das Schiff als LUWEN 3 für die Luwen-Rheinschiffahrt, Duisburg. Auf der reedereieigenen Werft erfolgte 1924 der Umbau zum

Passagierdampfer und die Umbenennung in HERMANN LUWEN III. Am 23. April 1929 kaufte die Hafen-Dampfschiffahrts AG (HADAG), Hamburg, den großen Doppelschraubendampfer. Bei der AG »Neptun« in Rostock zum Fahrgastschiff für den Hamburg–Cuxhaven-Dienst umgebaut, kam der Dampfer am 27. Juli 1929 als REICHSPRÄSIDENT wieder in Fahrt. Das relativ große Schiff verblieb jedoch nur bis 1935 in der Passagierfahrt. Neuer Eigner wurde 1935 die Blohm & Voss AG, Hamburg, die den Dampfer kaufte, umbauen ließ, KRANICH umbenannte und als Flugzeugbergungsschiff wieder in Fahrt brachte. Auf Initiative von Walter Blohm wurde 1933 ein Zweigbetrieb für den Bau von Flugzeugen in Hamburg-Finkenwerder eingerichtet, der eine Reihe von Flugzeugtypen baute, u. a. 3 viermotorige Schwimmerflugzeuge vom Typ Ha 139, die versuchsweise den Postverkehr über den Nordatlantik aufnahmen. Während des zweiten Weltkrieges diente der Dampfer als Hilfsflugsicherungsschiff der deutschen Luftwaffe. Die KRANICH, die den zweiten Weltkrieg überstand, wurde 1945 von Großbritan-

Der Dampfer REICHSPRÄSIDENT in Fahrt auf der Unterelbe.   Foto: Sammlung Autor

nien beschlagnahmt und diente in den ersten Nachkriegsjahren bei der Wrackbergung auf der Unterelbe. Am 20. April 1949 wurde das Schiff für den Hamburger Fahrzeugbau eingetragen. In der gleichen Zeit ist auch ein Alex Schmidt aus Hamburg als Eigner der KRANICH genannt. Ebenfalls war die Bergungsfirma Alnwick Harmstorf, Hamburg, als Eigentümer des Schiffes registriert. Später erhielt die Firma Blohm & Voss das Schiff, das als B. & V. KRANICH im Schiffahrtsregister der Bundesrepublik Deutschland geführt wurde. Im Schiffsregister von 1951 ist als Reederei der B. & V. KRANICH die Hamburger Fahrzeugbau G. m. b. H., Hamburg, eingetragen. Das Schiff hatte zu diesem Zeitpunkt folgende technische Daten: 477 BRT, 56,68 m Länge, 10,06 m Breite und 1 200 PS. Es wurde später nochmals umgebaut und an verschiedene Unternehmen verchartert. Als B. & V. KRANICH ist es 1961 zum Abbruch nach Hamburg verkauft worden.

RÜGEN (II)

Saßnitzer Dampfschiffsgesellschaft G. m. b. H., Saßnitz
Bauwerft: Stocks & Kolbe, Kiel-Wellingsdorf / 137,0 BRT / 25,5 m Länge / 7,3 m Breite /

1 Dieselmotor / 160 PS / 10,0 kn / 1 Schr. / Passagiere: ca. 240 / Besatzung: 9

Das Motorschiff RÜGEN, im Bild vorn rechts, an der ehemaligen Seebrücke bei Stubbenkammer. Foto: Max Leßhaft

Das Motorschiff lief im Mai 1922 in Wellingsdorf bei Kiel vom Stapel. Nach einem längeren Einsatz in Dänemark wurde es 1929 als TURISTEN von der Saßnitzer Dampfschiffsgesellschaft angekauft. In RÜGEN umbenannt beschäftigte das Saßnitzer Schiffahrtsunternehmen das Motorschiff für Ausflugsfahrten auf ihren Linien ab Hafen Saßnitz. Besonders oft wurde die RÜGEN zur Seebrücke unterhalb des Königstuhls bei Stubbenkammer eingesetzt oder für Kurzfahrten zum Seebad Binz. Sichere Hinweise über einen möglichen Einsatz im Dienst der deutschen Kriegsmarine während des zweiten Weltkriegs sind nicht vorhanden. Kurz vor der Beendigung des Krieges gelangte die RÜGEN jedoch nach Hamburg, wo sie noch einige Zeit Fahrten für die Hamburg-Blankenese-Este-Linie, Hamburg, machte. Am 9. März 1946 mußte das Schiff in Hamburg an die UdSSR abgeliefert werden. Umbenannt in KAPELLA wurde danach Odessa neuer Heimathafen des Motorschiffes. Nach einem anschließenden Umbau war die KAPELLA mit 207 BRT vermessen und für maximal 150 Fahrgäste für Fahrten auf dem Schwarzen Meer zugelassen. Bei einer Modernisierung erhielt die KAPELLA 1958 einen SKL-Dieselmotor (8 Zylinder). Sie lief danach durchschnittlich 9 Knoten. Bis 1970 war die KAPELLA noch im sowjetischen Schiffahrtsregister aufgeführt.

ROSSITTEN

Fritz Neubacher, Königsberg
Bauwerft: Union-Gießerei, Königsberg /
Baunummer: 209 / 87 BRT /
37,20 m Länge ü a. / 5,60 m Breite /

1 III-Exp. / 160 PS /
9,0 kn / 1 Schr. /
Passagiere: 350 /
Besatzung: 5

Der Seebäderdampfer ROSSITTEN im Einsatz für die Reederei Hermann Götz.　　　　Foto: Sammlung Wolfgang Fuchs

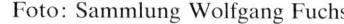

Der 1924 fertiggestellte Fahrgastdampfer kam noch im gleichen Jahr als ROSSITTEN, benannt nach dem gleichnamigen Seebad an der Kurischen Nehrung, zum Einsatz. Der Auftraggeber Fritz Neubacher beschäftigte den Dampfer vorwiegend zwischen Cranzbeek und Memel. Vermutlich war Fritz Neubacher mit den Einkünften seiner Seilerwarengroßhandlung zufrieden, denn er verkaufte 1932 die ROSSITTEN. Im Einsatz zu den Seebädern auf der Kurischen Nehrung blieb der Dampfer auch nach dem Verkauf an die Cranz-Memel-Linie, dem Seebäderdienst der Kurischen Nehrung, dessen Inhaber Hermann Götz aus Königsberg war. Neben der ROSSITTEN stellte der neue Besitzer 1930 die CRANZ in Dienst, die der ROSSITTEN sehr ähnelte. Zu Beginn des zweiten Weltkriegs gelangte die ROSSITTEN in den Besitz der deutschen Kriegsmarine. Der kleine Dampfer wurde in Pillau als Wohnschiff der Hafenschutzflottille eingesetzt und diente ab Oktober 1940 in Pillau als Kasernenschiff. Vom 15. Juli bis zum 20. Dezember 1944 war die ROSSITTEN im Kurischen Haff als Transportschiff im Einsatz. Im Mai 1945 versenkten flüchtende deutsche Truppen die ROSSITTEN bei Pillau-Camstigall zur Sperrung des Königsberger Seekanals.

DEUTSCHLAND

Swinemünder Dampfschiffahrts-A.-G., Swinemünde
Bauwerft: Nüschke & Co. AG, Stettin /
Baunummer: 273 / 557 BRT /
61,8 m Länge / 8,5 m Breite /
1 III-Exp. / 1 000 PS /

13,0 kn / 1 Schr. /
Passagiere: 1 100 /
Besatzung: 15

Der Passagierdampfer DEUTSCHLAND war der größte und modernste Neubau für die Swinemün-

Die DEUTSCHLAND (im Hintergrund) zusammen mit der RUGARD an der Seebrücke Heringsdorf.   Foto: Sammlung Autor

der Dampfschiffahrts-A.-G. Am 20. Februar 1925 lief der Dampfer vom Stapel und konnte bereits im Mai des gleichen Jahres in Dienst gestellt werden. Beschäftigt wurde die DEUTSCHLAND neben dem Liniendienst Stettin–Swinemünde auch für Fahrten zu den pommerschen Seebädern und für Sonderfahrten. Am 17. August 1929 kollidierte das Schiff im Stettiner Haff mit dem Dampfer ALEXANDRA aus Stettin und sank teilweise. Es gelang, die DEUTSCHLAND wieder zu heben. Sie wurde 1930 an die Stettiner Dampfschiffs-Gesellschaft J. F. Braeunlich verkauft und in FRIGGA umbenannt. Die FRIGGA, die Ersatz für den 1929 zum Abbruch verkauften Raddampfer FREIA sein sollte, war in der Hauptsache im Seebäderdienst zwischen Stettin und Swinemünde beschäftigt. Die deutsche Kriegsmarine übernahm im Dezember 1939 das Seebäderschiff und rüstete es zum U-Boot-Tender und Taucher-Schulfahrzeug um. Im Verlauf des zweiten Weltkriegs hatte der Dampfer u. a. auch die Funktion eines Navigations-Schulschiffes unter dem Namen ZENITH in Gotenhafen. Die ehemalige DEUTSCHLAND überstand den Krieg, mußte aber im März 1946 als Reparationsleistung an die UdSSR übergeben werden. Unter sowjetischer Flagge und umbenannt in ORION blieb der Dampfer noch einige Jahre im Einsatz. Aus Lloyd's Register wurde er 1960 gestrichen.

STÖRTEBEKER

Hugo Erlinghagen, Ahlbeck
Bauwerft: Mahrwerft AG, Swinemünde /
55,6 BRT / 22,6 m Länge / 4,8 m Breite /
1 Dieselmotor / 75 PS /
6,5 kn / 1 Schr. /

Passagiere: 98 /
Besatzung: 3

Das kleine Motorschiff lief im Juli 1925 als STÖRTEBEKER in Swinemünde vom Stapel und wurde im

Die MÖNCHGUT als
VAGEL GRIP der Rostocker
Reederei Paul Hahn.
Foto: Erhard Schäfer

August des gleichen Jahres an den Auftraggeber abgeliefert. Über den Einsatz des Schiffes in der Zeit von der Indienststellung bis 1927 sind keine Hinweise vorhanden. Sicher ist, daß das Motorschiff 1927 durch die »Mönchguter Motorschiffslinie« der Gebrüder Wittmiß aus Gager (Rügen) gekauft wurde. In MÖNCHGUT umbenannt und mit Heimathafen Sellin war das Schiff seitdem in rügenschen Gewässern im Einsatz. Fahrtziele der MÖNCHGUT waren auch Wolgast und Greifswald. Von 1932 bis 1933 zeichnete als Eigner Ernst Wedekind, Hamburg. Umbenannt in WALDFRIED gehörte das Motorschiff von 1933 bis 1934 Walter Krüger mit Heimathafen Hamburg. Als WALDFRIED beschäftigte der neue Eigner das Schiff vorwiegend innerhalb des Greifswalder Boddens und

für Fahrten zur Greifswalder Oie. 1934 wurde das Unternehmen Walter & Rudolf Krüger aus Ostswine (Swinemünde) Eigner des wieder in MÖNCHGUT umbenannten Schiffes. Der Rostocker Reeder und Kapitän Paul Hahn kaufte 1937 das Schiff und setzte es als VAGEL GRIP mit Heimathafen Rostock nach Warnemünde, für Fahrten in See und zu verschiedenen Seebädern der Mecklenburger Küste ein. Kurz vor Beginn des zweiten Weltkriegs verkaufte Paul Hahn das Schiff an das Königsberger Unternehmen Wischke & Reimer. Umbenannt in SEESTADT PILLAU war das Motorschiff von 1939 bis August 1943 auf der Linie Königsberg–Pillau beschäftigt. Bei einem Bombenangriff auf Königsberg am 30. August 1943 wurde die SEESTADT PILLAU vernichtet.

NAJADE (II)

Emil Retzlaff, Stettin
Bauwerft: Ostseewerft A.G.,
Stettin-Frauendorf / Baunummer: 11 /
115 BRT / 31,4 m Länge / 6,4 m Breite /

1 Dieselmotor / 160 PS /
8,5 kn / 1. Schr. /
Passagiere: 580 /
Besatzung: 6

Das Fahrgast-Motorschiff NAJADE Ende der 50er Jahre.   Foto: Appel-Jeske

Der Stettiner Reeder und Werftbesitzer Emil Retzlaff ließ 1925 auf seiner eigenen Werft die beiden Fahrgast-Motorschiffe NAJADE und NYMPHE vom Stapel. Die beiden ersten Stettiner Motor-Fahrgastschiffe NAJADE und NYMPHE wurden nach Indienststellung von Stettin aus nach Neuwarp, 60 km über Ziegenort, zwischen Ueckermünde und dem Papenwasser, eingesetzt. Da aber auf dieser Linie der erhoffte Gewinn für die Reederei ausblieb, nahm Retzlaff beide Schiffe aus diesem Fahrtgebiet wieder heraus. Er beschäftigte sie nun auf anderen Linien, so auch im Verkehr nach Swinemünde. Nach dem Konkurs der Reederei Retzlaff 1931 wurden alle Fahrgastschiffe des früheren Unternehmens in der neuen Firmengründung »Maris« Schiffahrtsgesellschaft m. b. H., Stettin, erfaßt. Während des zweiten Weltkrieges diente die NAJADE in der deutschen Kriegsmarine. Bekannt ist für diese Zeit der Einsatz als Ausbildungsschiff für Marinetaucher. Kurz vor Kriegsende befand sich das Motorschiff im Raum Hamburg. Hier wurde es, etwa um 1946, von der Hamburg-Blankenese-Este-Linie, Hamburg, übernommen, die das Schiff auf der Unterelbe zum Einsatz brachte. Die NAJADE, mit der damaligen Kennummer X 2026, wurde 1956 auf der Werft von Pol & Jozwiak umgebaut und modernisiert. Das Schiff hatte danach einen Dieselmotor mit einer Leistung von 320 PS und lief 11,5 Knoten.

Seit dem 1. März 1963 von der Hafen-Dampfschiffahrt A. G., Hamburg, (HADAG) übernommen und zwischenzeitlich in RICHARD STRAUSS umbenannt, blieb das Motorschiff noch bis 1972 auf der Elbe für Passagierfahrten im Einsatz. Bei der Hamburger Firma Eisen & Metall wurde Ende 1972 die ehemalige NAJADE abgebrochen.

SWANTI

Genossenschaftsreederei Hiddensee GmbH, Vitte
Bauwerft: Stettiner Oderwerke, AG für Schiffs- und Maschinenbau, Stettin /
Baunummer: 718 / 87 BRT /

26,1 m Länge / 5,2 m Breite /
1 Compound / 160 PS /
9,5 kn / 1 Schr. /
Passagiere: 205 /
Besatzung: 5

Dampfer SWANTI um 1926 bei der Ankunft in Vitte.
Foto: Sammlung Autor

Am 3. August 1924 sprachen sich die Mitglieder der Genossenschaftsreederei in einer außerordentlichen Generalversammlung einstimmig für den Bau eines neuen Dampfschiffes aus. Die kleine CAPRIVI konnte den steigenden Urlauberstrom zur Insel Hiddensee allein nicht mehr bewältigen, und in der Saison mußten die Besucher teilweise mit Segelbooten von Stralsund abgeholt werden. Die Stettiner Oderwerke erhielten den Auftrag für den Bau des Schiffes, das als SWANTI im März 1925 vom Stapel lief. Bei der ersten Probefahrt des Schiffes am 2. Mai 1925 erreichte der Dampfer nicht die im Bauvertrag vorgesehenen 10 Knoten und statt eines Tiefgangs von 1,60 betrug dieser 1,80 Meter. Die Werft nahm noch verschiedene Veränderungen am Schiff vor, bevor die Genossenschaftsreederei das Dampfschiff abnahm. Am 3. Mai 1925 dampfte die SWANTI nach Stralsund und weiter nach Hiddensee. In der offenen See konnten gute See-Eigenschaften festgestellt werden. Das Dampfschiff wurde in den Verkehr Stralsund–Hiddensee gestellt, war aber auch für Fahrten nach Saßnitz und zu anderen Häfen Rügens sowie für Sonderfahrten im Einsatz. Im Februar 1927 konnte die SWANTI das während eines Weststurms bei Vitte in Seenot geratene Hamburger Motorschiff NORMANN ins Schlepptau nehmen und es nach Stralsund bringen. Nach dem Beginn des zweiten Weltkriegs blieb die SWANTI im Hiddensee-Dienst beschäftigt. Für den so wichtigen Betriebsstoff Kohle sorgte in den Kriegsjahren die Firma C. A. Beug aus Stralsund. Um auch im Winter möglichst lange die Versorgung der Inselbevölkerung absichern zu können, wurde die Verbindung mit Stralsund vor dem endgültigen Zufrieren des eigentlichen Hiddensee-Fahrwassers um den Dornbusch herum, durch die offene See gefahren. Anfang August 1945 wurde die SWANTI nach Stralsund beordert und diente einige Jahre lang dem Wasserstraßenamt als Tonnenleger. Als Tonnenleger stark beansprucht, mußte die SWANTI 1948 für längere Zeit in die Werft nach Gager (Rügen). Erst Ende Mai 1949 erhielt die Genossenschaftsreederei ihren Dampfer zurück und beschäftigte ihn wieder im Dienst Stralsund–Hiddensee. Vor allem auf der Nachmittagstour wurde das Schiff verstärkt zur Mitnahme von Fracht eingesetzt, da die Reederei in jener Zeit über keinen eigenen Frachter verfügte. 1954 konnte die schon lange fällige Generalüberholung in der Volkswerft Stralsund vorgenommen werden. Am 26. September 1959 beschloß die Genossenschaftsreederei den Verkauf des Dampfers an die »Weiße Flotte« und zugleich die Auflösung des Unternehmens. Neuer Eigner des Dampfers SWANTI wurde ab 1. Januar 1960 die »Weiße Flotte« Stralsund. 1962 erhielt die SWANTI in Magdeburg neue Kessel. Nach dem Umbau des Dampfers im Jahre 1965 konnte die SWANTI 195 Fahrgäste aufnehmen. Ab 1966 lag das Schiff in Stralsund auf. Nachdem der geplante Umbau zum Motorschiff gegenstandslos geworden war, begann 1968 in Stralsund der Abbruch.

STUBBENKAMMER

Saßnitzer Dampfschiffsgesellschaft m. b. H., Saßnitz
Bauwerft: Stettiner Oderwerke, AG für Schiffs- und Maschinenbau, Stettin /
Baunummer: 719 / 149 BRT /
33,65 m Länge / 6,94 m Breite /
1 III-Exp. / 320 PS /
8,5 kn / 1 Schr. /
Passagiere: 225 /
Besatzung: 6

Der Dampfer STUBBENKAMMER war der erste Neubau der Saßnitzer Dampfschiffsgesellschaft mit diesem zur Heimatlandschaft passenden Namen. Der Dampfer lief Anfang 1925 in Stettin-Bredow vom Stapel und konnte bereits im Mai 1925 in Dienst gestellt werden. Die Saßnitzer Reederei bot ihr neues Schiff auf verschiedenen Routen ihren Fahrgästen an; darunter ab Hafen Greifswald nach Thiessow (Mönchgut auf Rügen), wo sich im Zicker See eine feste Landungsbrücke befand. Ur-

Die STUBBENKAMMER vor der Küste Rügens.   Foto: Sammlung Autor

lauber aus dem Süden konnten auf diesem Weg schnell ihre Ferienorte erreichen. Mit dem Dampfer STUBBENKAMMER wurden aber auch Ausflugsfahrten zur Insel Hiddensee angeboten, die recht abwechslungsreich waren. Der Dampfer hatte einen Tiefgang von 2,60 Meter. Dieser Tiefgang erlaubte es der STUBBENKAMMER nicht, den Hafen Kloster direkt anzulaufen. Der Dampfer mußte deshalb im Libben ankern. Die Fahrgäste des Saßnitzer Dampfers stiegen hier auf ein Schiff der Genossenschafts-Reederei Hiddensee G. m. b. H. um, welches für die Morgentour eingesetzt war

und tagsüber in Kloster lag. Am Nachmittag wurden die Passagiere auf dem gleichen Weg wieder zurück zur STUBBENKAMMER gebracht. Das Unternehmen aus Vitte hatte durch diese Leistung zusätzliche Geldeinnahmen; pro Person eine Reichsmark. Aus heute nicht mehr zu ermittelnden Gründen verkaufte die Reederei aus Saßnitz bereits im Dezember 1930 den Dampfer nach Oslo, wo er mit 172 BRT als SAETRE bis 1941 geführt wurde. Ab 1934 hatte die Saßnitzer Dampfschiffsgesellschaft übrigens erneut ein Schiff mit dem Namen STUBBENKAMMER in ihrer Flotte.

JAN MOLSEN

Hafen Dampfschiffahrts-A.-G. (HADAG),
Hamburg
Bauwerft: H. C. Stülcken & Sohn, Hamburg /
Baunummer: 595 / 860 BRT /
56,8 m Länge / 11,1 m Breite /
2 MAN-Dieselmotoren / 660 PS /
11,0 kn / 2 Schr. /
Passagiere: 1900 / Besatzung: 9

Nach der Taufe des Schiffes in JAN MOLSEN (Jan Molsen war von 1913 bis 1927 amtierender Direktor der HADAG) lief das Schiff Ende Mai 1925 vom Stapel. Im Juli des gleichen Jahres konnte die HADAG mit der JAN MOLSEN ihr erstes mit Dieselmotoren ausgerüstetes Schiff in Dienst stellen. Gebaut war das Motorschiff nach den Vorschriften des Germanischen Lloyds für die Klasse

»Kleine Küstenfahrt«. Die Aufnahmekapazität der JAN MOLSEN betrug für den Einsatz auf der Unterelbe 1900 und im Hafendienst etwa 2200 Passagiere. Die Aufnahme einer so beachtlichen Zahl von Fahrgästen an Bord der JAN MOLSEN war der Tatsache geschuldet, da das Motorschiff in den Wintermonaten vor allem für die Beförderung von Werftarbeitern zur auf Finkenwerder gelegenen Deutschen Werft im Einsatz war. Darüber hinaus beschäftigte die HADAG die JAN MOLSEN vorwiegend im Verkehr auf der Niederelbe oder im Hafendienst. Besonders an den Wochenenden setzte die Reederei das Motorschiff von Cuxhaven aus für Fahrten in See ein. An Bord der JAN MOLSEN wurden bereits vor dem zweiten Weltkrieg verschiedene Umbauten vorgenommen. Das betraf besonders die Passagiereinrichtungen. Die erste Modernisierung des Schiffes nach dem zweiten Weltkrieg fand 1948 statt. Weitere Umbauten und Modernisierungen folgten später. Am 28. September 1967 verkaufte die HADAG das Motorschiff nach Italien, wo es als ISOLA DI CAPRI, Neapel, bis 1988 verzeichnet war. Ende 1988 wurde es abgebrochen.

NORDLAND

Stettin-Rigaer-Dampfschiffahrts-Gesellschaft, Stettin
Bauwerft: Stettiner Maschinenbau AG »Vulcan«, Stettin /
Baunummer: 675 / 1902 BRT /
79,0 m Länge ü. a. / 11,3 m Breite /
1 III-Exp. / 1 400 PS /
12,0 kn / 1 Schr. /

Passagiere: 120 /
Besatzung: 36

Der Dampfer NORDLAND, für den Liniendienst auf der östlichen Ostsee vorgesehen, lief am 12. September 1924 vom Stapel. Die Indienststellung fand im Dezember des gleichen Jahres statt. Die Korrespondentbereederung übernahm Rudolf Christian

Die NORDLAND unter der Flagge der Stettiner Reederei R. C. Gribel.   Foto: Sammlung Wolfgang Fuchs

Gribel aus Stettin. Um mit der NORDLAND möglichst auch im Winter den Liniendienst nach Helsingfors bzw. zu solchen Häfen wie Danzig, Pillau, Libau und Riga aufrechterhalten zu können, war sie mit einem Eisbrecherbug versehen worden. Die ursprüngliche Reederei ging 1937 in der Stettiner Reederei R. C. Gribel auf. Das Schiff war jedoch auch nach dem Besitzerwechsel weiterhin im gleichen Dienst beschäftigt. Während des zweiten Weltkriegs diente die NORDLAND als Wohn- und Zielschiff der deutschen Kriegsmarine. Am 10. März 1946 mußte der Dampfer an die Sowjetunion abgeliefert werden. In der Schiffsreparaturwerft Wismar wurde der Dampfer in der Zeit vom 17. Mai 1947 bis zum 18. November 1947 repariert und umgebaut. Mit Heimathafen Murmansk und umbenannt in DERZHAVIN blieb das Schiff bis zum Verkauf zum Abbruch 1966 bei der Firma Poul Christensen in Nakskov unter sowjetischer Flagge im Einsatz. Auf der Überführungsfahrt zur Abbruchfirma ging das Schiff vor der norwegischen Küste verloren.

THIESSOW

Gebrüder Wittmiß, Gager »Mönchguter Motorschiffslinie«
Bauwerft: Schiffswerft Georg Schuldt, Stralsund /
25,3 BRT / 18,1 m Länge / 3,6 m Breite /
1 Dieselmotor / 120 PS /
7,0 kn / 1 Schr. /

Passagiere: 124 /
Besatzung: 2

Die Stralsunder Schiffswerft Georg Schuldt lieferte 1925 neben dem etwas größeren Schwesterschiff BAABE auch das kleine eiserne Motorschiff

Die THIESSOW als IRENE LAACK auf der Fahrt von Lietzow zur Insel Hiddensee im Großen Jasmunder Bodden.

Foto: Sammlung Autor

THIESSOW an die »Mönchguter Motorschiffslinie« ab. Ähnlich der BAABE beschäftigte das Unternehmen aus Gager auch das Motorschiff THIESSOW im regelmäßigen Küstenverkehr zwischen Sellin, Thiessow, Göhren, Baabe, Saßnitz und Stubbenkammer. Nach dem Konkurs des Unternehmens der Gebrüder Wittmiß Anfang der 30er Jahre kaufte Kapitän Karl Laack aus Polchow auf Rügen 1934 das Motorschiff und brachte es als IRENE LAACK, benannt nach der Tochter des neuen Eigners, mit Heimathafen Sellin in Fahrt. Kapitän Laack beschäftigte die IRENE LAACK ab 1934 auf der von ihm wieder aufgenommenen Linie von Lietzow über Breege nach Vitte auf der Insel Hiddensee. Im »Handbuch für die Deutsche Handelsmarine auf das Jahr 1937« wird der Verwendungszweck der IRENE LAACK mit Frachtschiff angegeben. Außerdem ist Stralsund als Heimathafen genannt. Nach dem Beginn des zweiten Weltkriegs beanspruchte die deutsche Kriegsmarine das kleine Motorschiff. Das Registerblatt der IRENE LAACK wurde am 15. Juli 1941 geschlossen. Quellen geben an, daß die IRENE LAACK 1948 in Hamburg abgebrochen wurde.

COBRA (II)

Hamburg-Amerika Linie, Hamburg
Bauwerft: Stettiner Maschinenbau AG »Vulcan«, Stettin /
Baunummer: 657 / 2132 BRT /
87,5 m Länge ü. a. / 12,2 m Breite /
2 Satz Getriebeturb. / 3600 PS /
17,0 kn / 2 Schr. / Passagiere: 2132 /
Besatzung: 78

Am 14. Januar 1926 lief das für den Hapag-See-bäderdienst bestimmte Turbinenschiff als COBRA vom Stapel. Der erste Neubau für den Helgoland-Dienst der Hamburg-Amerika Linie nach dem ersten Weltkrieg konnte am 13. Mai 1926 in Dienst gestellt werden. Drei Tage später lief die COBRA zum ersten Mal von Hamburg in Richtung Helgoland aus. Das große Turbinenschiff wurde anschließend im regelmäßigen Linienverkehr des Hapag–Seebäderdienstes Hamburg–Cuxhaven–Helgoland–Hörnum/Sylt und zurück beschäftigt.

Das Turbinenschiff COBRA als Seebäderschiff der Hapag.

Foto: Sammlung Autor

Am 15. März 1938 trat die COBRA ihre 1000. Reise in diesem Dienst an. Die deutsche Kriegsmarine beschlagnahmte am 26. August 1939 das Schiff. Unmittelbar danach begann der Einbau von Minenschienen auf dem Promenadendeck. Die Haltebuchsen dafür und auch die Unterbauten für Geschütze waren bereits seit 1936 vorhanden. In den letzten Augusttagen 1939 wurde die COBRA nach Cuxhaven verlegt, wo sie die ersten Minen an Bord nahm. Unmittelbar nach Beginn des zweiten Weltkrieges lief das Hilfsminenschiff COBRA zu den ersten Mineneinsätzen aus. In der Nacht vom 17. zum 18. Juni 1942 war das Hilfsminenschiff zu seinem 45. Unternehmen im Auftrag der deutschen Kriegsmarine in Fahrt. Nach diesem Einsatz wurde die COBRA zur Überholung in eine Werft nach Rotterdam-Schiedam beordert und dort eingedockt. Bei einem Bombenangriff alliierter Bomberverbände auf Rotterdam am 27. August 1942 erhielt die im Dock befindliche COBRA einen Volltreffer, kenterte und blieb in etwa 9 Meter Wassertiefe liegen.

RHEINLAND

»Ems«, Aktiengesellschaft, Emden
Bauwerft: Deutsche Schiffs- und
Maschinenbau AG, Werk »Vulcan« Hamburg /
Baunummer: 658 / 668 BRT /
60,0 m Länge ü. a. / 8,6 m Breite /
2 III-Exp. / 800 PS / 12,5 kn / 2 Schr. /
Passagiere: 600 /
Besatzung: 14

Am 13. März 1926 wurde der Passagierdampfer

RHEINLAND in Hamburg vom Stapel gelassen, der im Mai des gleichen Jahres zu seiner Probefahrt auf der Nordsee in Fahrt kam. Die Aktiengesellschaft »Ems« beschäftigte die RHEINLAND vorwiegend im Liniendienst Emden – Borkum sowie in den Sommermonaten auch für Ausflugsfahrten zur Insel Helgoland. In den Jahren 1937 bis 1939 wurde die RHEINLAND auch für verschiedene KdF-Fahrten eingesetzt. Von 1940 bis Kriegsende diente der Dampfer der deutschen Kriegsmarine als Hilfs-

schiff. Seit 1946 war die RHEINLAND wieder als Passagierdampfer im Dienst. Nach dem Umbau zum Motorschiff 1959 war die RHEINLAND mit 780 BRT vermessen und konnte bis zu 1000 Fahrgäste befördern.

Die AG »Ems« ließ 1968 auf der Werft von Schulte & Bruns in Emden ein mit 930 BRT vermessenes Motorschiff bauen, das ebenfalls den Namen RHEINLAND erhielt. Daraufhin wurde die alte RHEINLAND in BAYERN umbenannt. 1970 verkaufte die Reederei die BAYERN zum Abbruch, der in Leer vorgenommen wurde.

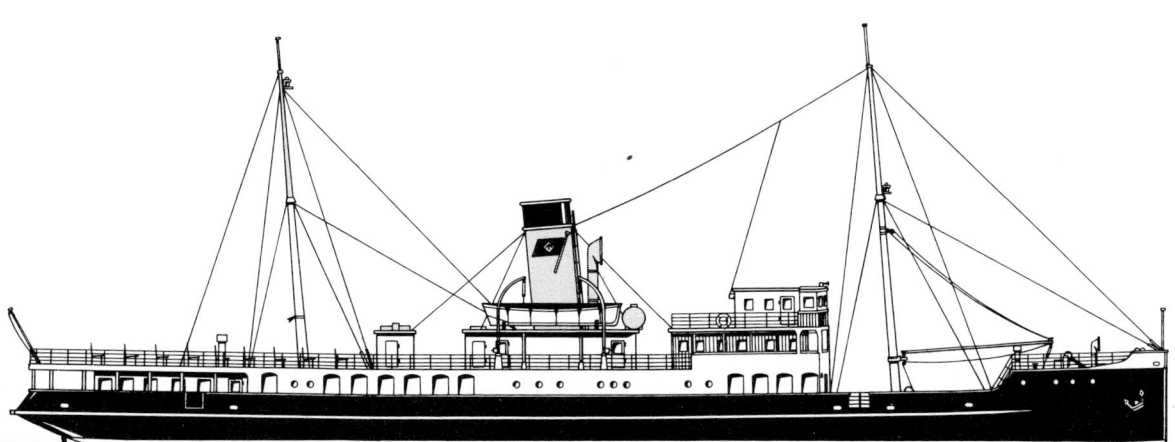

HANSESTADT DANZIG

Reichsverkehrsministerium, Berlin
(Seedienst Ostpreußen, Swinemünde)
Bauwerft: Stettiner Maschinenbau AG »Vulcan«
Bredow, Stettin /
Baunummer: 678 / 2225 BRT /
85,4 m Länge ü. a. 11,7 m Breite /
2 Dieselmotoren / 6400 PS /
15,0 kn / 2 Schr. / Besatzung: 83

Die HANSESTADT DANZIG hatte am 17. März 1926 Stapellauf und konnte am 14. Juli 1926 als erster Neubau für den »Seedienst Ostpreußen« in Dienst gestellt werden. Das Passagierschiff, das speziell für den »Seedienst Ostpreußen« in Auftrag gegeben wurde, kam zwischen Stettin–Pillau und Königsberg zum Einsatz. Auch die HANSESTADT DANZIG war für einen Kriegsfall projektiert und gebaut worden. Nach der Indienststellung des Schiffes wurde es dem Norddeutschen Lloyd, Bremen, zur Bereederung übergeben und auf verschiedenen Routen des »Seedienstes Ostpreußen« eingesetzt.

Nach einem Umbau 1933/34 war die HANSESTADT DANZIG mit 2431 BRT vermessen und hatte eine Länge von 93,60 Metern. Modern und praktisch eingerichtete Kammern mit jeweils zwei Betten und Wanderkojen, die besonders für Reisegruppen geeignet waren, standen den Passagieren zur Verfügung. Das Schiff konnte außerdem eine größere Zahl an Fahrrädern und mehrere Personenkraftwagen befördern. Im August 1939 wurde das Schiff ohne Änderung des Namens von der deutschen Kriegsmarine eingezogen und zum Hilfsminenleger umgebaut. Die Besatzung erhöhte sich auf 83 Mann. Die Bewaffnung bestand aus zwei Flakgeschützen vom Kaliber 8,8 cm und noch einigen kleineren Geschützen. Außerdem konnte die HANSESTADT DANZIG 360 Minen mitführen. Während des Krieges kam das Schiff für verschiedene militärische Operationen zum Einsatz, beispielsweise transportierte es am 9. April 1940 Truppen für die Besetzung Kopenhagens. In der Zeit vom 26. bis 30. Januar 1941 war die HANSESTADT DANZIG

Die HANSESTADT DANZIG am
Bollwerk in Swinemünde.
Foto: Sammlung Autor

auf der Nordsee beim Legen der Sperre »Pommern« und im Juni des gleichen Jahres beim Legen der Minensperre »Apolda« auf der Ostsee beteiligt. Wenige Tage vor dem Überfall Deutschlands auf die Sowjetunion wurden im Gebiet von Turku und Porkala mit Hilfe des Schiffes Minen gelegt, um den Finnischen Meerbusen abzuriegeln. Am 8. Juli 1941 trat die Gruppe Nord, bestehend aus den Schiffen TANNENBERG, PREUSSEN und HANSESTADT DANZIG, von Turku die Rückfahrt nach Swinemünde an. Die drei Schiffe befanden sich am 9. Juli 1941 gegen 19.00 Uhr in der Nähe Ölands, wo sie alle auf eine schwedische Minensperre liefen. Die HANSESTADT DANZIG sank nach Minentreffern östlich der Südspitze Ölands in der Nähe der Ortschaft Gräsgard auf der Position 56° 12' Nord und 16° 17' Ost. 1952 erhielt die Bergungsfirma Intermarin, Malmö, den Auftrag zur Bergung des Wracks, das in 29 Meter Tiefe gefunden, gehoben und anschließend verschrottet wurde.

PREUSSEN (II)

Reichsverkehrsministerium, Berlin
(Seedienst Ostpreußen, Swinemünde)
Bauwerft: Stettiner Oderwerke, AG für

Schiffs- und Maschinenbau, Stettin /
Baunummer: 725 / 2282 BRT /
85,4 m Länge ü. a. / 11,7 m Breite /

Die PREUSSEN, Schwesterschiff der HANSESTADT DANZIG.
Foto: Sammlung Autor

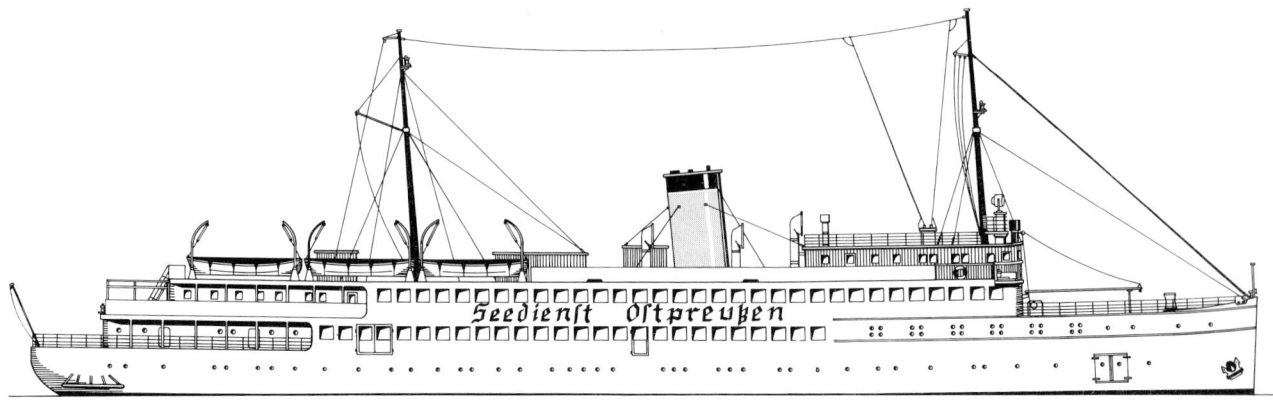

2 Dieselmotoren / 6400 PS /
16,0 kn / 2 Schr. /
Passagiere: auf See einschl. Nachtfahrt 1158,
davon 120 in Doppelkabinen III. Kl. /
auf See nur Tagesfahrt 1403 / Haffahrt 2061 /
Besatzung: 67

Auch die PREUSSEN wurde speziell für den Einsatz
im »Seedienst Ostpreußen« in Auftrag gegeben.
Der zweite Neubau galt als Schwesterschiff der
HANSESTADT DANZIG. Die Bereederung erhielt allerdings die Stettiner Dampfschiffs-Gesellschaft
J. F. Braeunlich, die das Schiff auf der Linie Stettin–Pillau–Königsberg in Fahrt brachte. Am
17. März 1926 vom Stapel gelassen und am 1. September des gleichen Jahres in Dienst gestellt, lief
die PREUSSEN am 15. September zu ihrer Jungfern-
reise aus. Bei den Stettiner Oderwerken wurde die
PREUSSEN 1934 auf 93,6 Meter verlängert. Sie war
nach dem Umbau mit 2529 BRT vermessen. Am
3. September 1939 erfaßte die Kriegsmarine die
PREUSSEN und ließ sie zum Hilfsminenschiff umbauen. Ihre Bewaffnung bestand aus zwei 8,8 cm
L/45 vom Linienschiff HANNOVER, vier Maschinen-
gewehren, und sie konnte etwa 400 Minen mitführen. Die Besatzung erhöhte sich auf 83 Mann.
Auch die PREUSSEN nahm an verschiedenen Mineneinsätzen teil, beispielsweise im April 1940 im Skagerrak. Am 30. April 1940 kam es zur Kollision mit
dem deutschen Torpedoboot LEOPARD (Baujahr
1927) im Skagerrak, bei der das Torpedoboot
sank. Vom 19. bis 21. Juni 1941 legte die PREUSSEN
zusammen mit anderen Minenschiffen Minensperren in der Ostsee (Sperre »Wartburg I–III«).
Am 9. Juli 1941 lief das Schiff östlich der Südspitze
von Öland auf eine schwedische Minensperre.
Durch einen Minentreffer, der den Hilfsmaschi-
nenraum traf, brach das vordere Schott. Die Besatzung der PREUSSEN versenkte daraufhin durch
Sprengung das Schiff. Die schwedische Bergungsfirma Intermarin aus Malmö wurde 1952 mit der
Bergung des Wracks beauftragt, das in 21 Meter
Tiefe lag. Das Wrack konnte 1953 verschrottet
werden.

ROLAND

Norddeutscher Lloyd, Bremen
Bauwerft: Deutsche Schiffs- und Maschinenbau
AG, Werk Tecklenborg /
Baunummer: 414 / 2436 BRT /
89,1 m Länge ü. a. / 13,0 m Breite /
2 Getriebe-Turbinen / 4300 PS /

18,0 kn / 2 Schr. /
Passagiere: 2400 /
Besatzung: 66

Der Seebäderdampfer ROLAND wurde am 12. März
1927 vom Stapel gelassen und kam nach erfolgrei-

Der Seebäderdampfer ROLAND, vor seinem Umbau noch mit zwei Schornsteinen versehen.
Foto: Sammlung Autor

cher Probefahrt am 24. Mai 1927 zum Einsatz. Mit der Indienststellung der ROLAND konnte der Norddeutsche Lloyd sein größtes, komfortabelstes und zugleich schnellstes Seebäderschiff in Fahrt bringen. An Bord befanden sich ein großer Speisesaal für 100 Personen sowie ein etwas kleinerer für 50 Gäste. Einsatzgebiet des Turbinendampfers waren Fahrten von Bremerhaven und Wilhelmshaven zur Insel Helgoland. Die ROLAND machte aber auch in Häfen verschiedener Inseln Ostfrieslands fest. Nach einem Umbau 1935 hatte sich das

äußere Bild des Dampfers etwas verändert. Neben den verkürzten Masten war der hintere Schornstein entfernt worden, der technisch sowieso keine Aufgabe hatte. Die deutsche Kriegsmarine übernahm das schnelle Turbinenschiff bereits am 23. August 1939 und stellte es als Hilfsminenleger unter ihr Kommando. Während eines Einsatzes in der Narva-Bucht erhielt die ROLAND zwei Minentreffer. Am 21. April 1944 sank die ROLAND auf Position 59° 43,2′ N und 30° 28′ 2″. Von den 240 Besatzungsmitgliedern überlebten nur wenige.

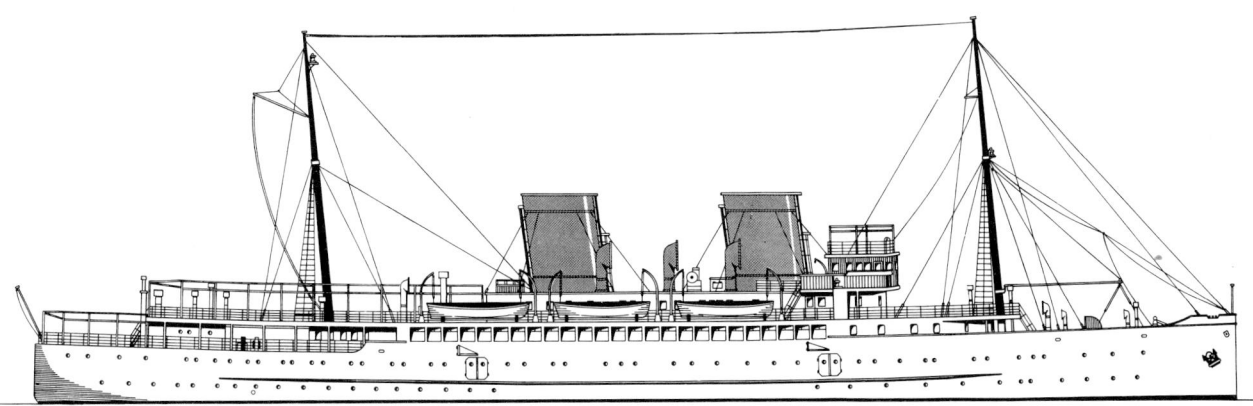

RUGARD

Stettiner Dampfschiffs-Gesellschaft
J. F. Braeunlich GmbH, Stettin
Bauwerft: Stettiner Oderwerke,
AG für Schiffs- und Maschinenbau, Stettin /
Baunummer: 730 / 1358 BRT /
76,8 m Länge ü. a. / 10,9 m Breite /
2 III-Exp. / 15 kn / 2 Schr. /
Passagiere: 1170 bei Seefahrt /
1852 bei Haffahrt /
Besatzung: 56

Die am 13. März 1927 vom Stapel gelassene
RUGARD war der letzte Neubau für die Stettiner Dampfschiffs-Gesellschaft J. F. Braeunlich
GmbH. Nach erfolgreicher Probefahrt im Juni
1927 konnte das Schiff, wie geplant, für den Seebäderdienst Stettin–Insel Rügen in Dienst gestellt
werden. Vorwiegend waren Binz und Saßnitz die
Anlaufpunkte der RUGARD. Die Reederei beschäftigte sie aber auch im Dienst Stettin–Rügen–
Bornholm sowie nach Kopenhagen. Am 26. Mai
1934 wurde der Dampfer auch für eine Sonderfahrt nach Stralsund eingesetzt. Im September
1939 erfaßte die deutsche Kriegsmarine das Schiff
und verwendete es zunächst als Flaggschiff des
Führers der Minensuchboote Ost, später in gleicher Funktion für den Befehlshaber der Sicherung
Ostsee (B. S. O.). Etwa ab 1942 diente die RU-
GARD als Tender- und Begleitschiff der 31. Minen-
such-Flottille und ab 1943 als Begleitschiff für
Kleine Offensiv-Minenleger beim Einsatz in der
Kronstädter Bucht. Am 8. Mai 1945 verließ die

Der Seebäderdampfer RUGARD, letzter Neubau für die Reederei J. F. Braeunlich.　　　　　Foto: Sammlung Autor

RUGARD als letztes Schiff der deutschen Kriegsmarine die Halbinsel Hela (M.) in Richtung Westen. Nachdem der Dampfer die dänische Insel Bornholm bereits hinter sich gelassen hatte, kam es am Nachmittag des 9. Mai 1945 zu einem Feuergefecht mit sowjetischen Schnellbooten. In den frühen Morgenstunden des 10. Mai 1945 erreichte die RUGARD die Strander Bucht in der Kieler Förde. Am 18. März 1946 mußte der Dampfer als Reparationszahlung an die Sowjetunion abgeliefert werden. Vom 2. September 1946 bis zum 13. November 1946 wurde das Schiff in der Schiffsreparaturwerft Wismar überholt. Inzwischen umbenannt in ILYA REPIN mit Heimathafen Leningrad erreichte der Dampfer am 16. Januar 1950 erneut die Wismarer Werft, die er nach einem weiteren Umbau zum Fahrgastschiff für das Nördliche Eismeer am 9. November 1950 mit Heimathafen Murmansk verlassen konnte. Nach dem Umbau war der Dampfer mit 1549 BRT vermessen; die Drehzahl der beiden Maschinen wurde auf 140 Umdrehungen pro Minute herabgesetzt, was einer Gesamtleistung von 1500 PS entsprach. Die Dienstgeschwindigkeit betrug nur noch etwa 11,2 Knoten. Neben den 64 Mann Besatzung war die ILYA REPIN für 189 Passagiere und 92 Pelztierjäger, die im Zwischendeck untergebracht werden konnten, eingerichtet. Bis etwa 1959 blieb der Dampfer unter sowjetischer Flagge in Fahrt. Ab 1960 ist die ILYA REPIN aus Lloyd's Register gestrichen.

BAD STEPENITZ

Stepenitzer Dampfschiffahrtsgesellschaft GmbH, Stepenitz
Bauwerft: Stettiner Oderwerke, AG
für Schiffs- und Maschinenbau, Stettin /
Baunummer: 731 / 167 BRT /
33,25 m Länge / 5.65 m Breite /
1 III-Exp. / 250 PS / 10 kn / 1 Schr. /
Passagiere: 466 /
Besatzung: 7

Im Jahr 1927 lief auf den Stettiner Oderwerken der Dampfer BAD STEPENITZ vom Stapel. Für diesen Neubau hatte die Stepenitzer Dampfschiffahrtsgesellschaft 189 000 Reichsmark an die Bauwerft zu zahlen. Nach der Aufspülung der Badestrände in dieser Region ließ sich ein ansteigender Fremdenverkehr und damit verbunden eine gute Auslastung der BAD STEPENITZ vorhersagen. Das Schiff war für 466 Personen auf Flußfahrten – etwa von

Die BAD STEPENITZ auf der Oder in Stettin.   Foto: Sammlung Kurt Pittelkow

Stettin bis Ziegenort – zugelassen. Bei Haffahrten nach Swinemünde, Ueckermünde oder Wollin konnten dagegen nur 344 Fahrgäste an Bord genommen werden. Jedoch mußten alle Fahrgastschiffe in der Haffahrt zwei Rettungsboote an Deck und Schwimmwesten für die an Bord zugelassenen Personen, einschließlich der Besatzung, mitführen. Für den Einsatz in der Eisperiode hatte das für seine Zeit moderne Schiff einen speziellen Eisbrechersteven und Plattenverstärkung. Die Fahrpreise waren relativ niedrig. Die Schiffe mußten schon gut ausgelastet sein, um dem Unternehmen noch Gewinn einzufahren. Für eine Fahrt von Stettin nach Stepenitz auf dem 1. Platz waren 1,50 RM und auf dem 2. Platz jeweils 1,– RM zu zahlen. Mit Rückfahrt kostete es auf dem 1. Platz 2,50 RM und auf dem 2. Platz 1,50 RM. Doch der erhoffte finanzielle Erfolg mit der BAD STEPENITZ blieb nicht aus. In der Sommersaison war das Schiff mehrmals am Tag zwischen Stettin und Stepenitz in Fahrt, und an Fahrgästen zeigte sich kaum ein Mangel. Der Dampfer BAD STEPENITZ gelangte vermutlich noch in den letzten Tagen des zweiten Weltkriegs nach Hamburg. Ab 1946 war das Motorschiff für August Bolten, Hamburg, eingetragen und machte Charterfahrten für die HADAG. 1948 wurde die BAD STEPENITZ aufgelegt und 1952 abgebrochen.

STADT RÜSTRINGEN

Jade-Seebäderdienst A. G., Rüstringen
Bauwerft: Frerichswerft AG, Einswarden (Nordenham) /
Baunummer: 449 / 400 BRT /

50,3 m Länge / 8,0 m Breite /
1 III-Exp. / 600 PS / 12 kn / 1 Schr. /
Passagiere: 680 /
Besatzung: 21

Die STADT RÜSTRINGEN vor Wangeroog.
Foto: Sammlung Autor

Der Dampfer STADT RÜSTRINGEN konnte nach der Abnahme-Probefahrt am 21. Mai 1927 an den Auftraggeber abgeliefert werden. Da er den Anforderungen der Reederei entsprach, wurde er sofort in den für ihn bestimmten Dienst eingestellt. Eingerichtet zur Aufnahme von maximal 700 Fahrgästen und verschiedenen Frachtgütern, darunter vor allem Post und Lebensmittel, kam die STADT RÜSTRINGEN überwiegend im Liniendienst nach Wangeroog zum Einsatz. Der Zeit entsprechend war der Dampfer modern und zweckmäßig ausgerüstet. Zur Verbesserung der Manövriereigenschaften erhielt die STADT RÜSTRINGEN etwa um 1935 einen Doppelschrauben-Antrieb, bestehend aus zwei Dreifach-Expansions-Dampfmaschinen. 1938 wurde eine Generalüberholung des Schiffes notwendig, die der Reederei hohe Kosten verursachte. Auf Grund des unzureichenden Eigenkapitals des Schiffahrts-unternehmens mußte die Jade-Seebäderdienst A. G. die STADT RÜSTRINGEN an eine Auffanggesellschaft mit Beteiligung der Stadt Wilhelmshaven abgeben. Neuer Eigner wurde ab 1938 die Stadt Wilhelmshaven. Bereedert wurde der Dampfer weiterhin von der Jade-Seebäderdienst A. G., die das Schiff neben Fahrten zu den Inseln Ostfrieslands auch nach Helgoland beschäftigte. Mit dem Beginn des zweiten Weltkrieges mußten die Fahrten des Dampfers erheblich eingeschränkt werden. Ab 1940 wurde die deutsche Kriegsmarine Eigner des Dampfers. Nach einem Minentreffer vor Wangerooge im Juni 1940 sank die STADT RÜSTRINGEN. Dabei kamen sechs Besatzungsmitglieder ums Leben. Es gelang jedoch, den Dampfer wieder zu heben und erneut in Fahrt zu bringen. Infolge Kriegseinwirkung sank die STADT RÜSTRINGEN im Oktober 1944 und ging damit endgültig verloren.

FRISIA I (II)

Aktiengesellschaft Reederei Norden-Frisia
Bauwerft: Jos. L. Meyer, Papenburg /
Baunummer: 377 / 504 BRT /
52,08 m Länge / 8,6 m Breite /
2 III-Exp. / 600 PS /
11 kn / 2 Schr. /
Passagiere: 830 /
Besatzung: 9

Die FRISIA I 1928 im Heimathafen Norderney.
Foto: Sammlung Autor

Der Doppelschraubendampfer FRISIA I wurde 1927 von der A.-G. Norden-Frisia für den Verkehr mit Norderney in Auftrag gegeben. Dieser letzte Dampfschiffsneubau der Werft in Papenburg hatte am 21. April 1928 Stapellauf. Die FRISIA I konnte im Mai 1928 in Dienst gestellt werden und zu Saisonbeginn seine Fahrten aufnehmen. Neben dem Einsatz im Verkehr mit der Nordseeinsel Norderney setzte die Reederei ihr Flaggschiff gelegentlich auch auf der Route Emden–Borkum ein. Auch nach dem Beginn des zweiten Weltkriegs blieb die FRISIA I im Inselverkehr beschäftigt. Ab 1945 stand der Dampfer dem britischen Leave Centre zur Verfügung. Die britische Rheinarmee hatte die Insel Norderney zu ihrem Leave Centre gemacht und dafür fast alle größeren Hotels in Anspruch genommen. Die FRISIA I dampfte viele Jahre als Flaggschiff der Reederei zwischen den Nordseeinseln. Das bei den Fahrgästen beliebte Schiff wurde am 10. Dezember 1966 nach Nieuw-Lekkerland (Niederlande) verkauft und dort abgebrochen.

WOLLIN

Stettin-Wollin-Cammin-Dievenower
Dampfschiffahrts GmbH, Cammin
Bauwerft: Flenderwerke A. G., Lübeck /
Baunummer: 198 / 305 BRT /
44,3 m Länge / 7,04 m Breite /
1 III-Exp. / 300 PS /
1 Schr. /
Passagiere: 300 /
Besatzung: 6 bis 7

Der für den Einsatz im Seebäderdienst bestimmte Dampfer WOLLIN hatte am 30. Mai 1928 in Lübeck seinen Stapellauf. Nach der Ablieferung des Schiffes an die Stettin-Wollin-Cammin-Dievenower Dampfschiffahrts GmbH am 23. Juni 1928 konnte die Reederei ihren Neubau gleich im Saison-Betrieb einsetzen. Die kleinen Fahrgastdampfer der Reederei wurden vielseitig beschäftigt. In den Sommermonaten kam die WOLLIN überwiegend zum Seebad Misdroy und zum Ostseestrand an der Dievenow-Mündung in Fahrt. Neben diesem Einsatz diente der Dampfer unter anderem auch im Liniendienst zwischen den Städten Wollin, Cammin und der Hafenstadt Stettin. 1945 kam der Dampfer als JULIN in den Besitz der Hamburger Schiffahrts- und Transport GmbH. Die Ostdeutsche Dampfschiffahrt und Transport GmbH, Hamburg, wurde Ende 1945 Eigner des Schiffes. Sie blieb es bis zur Übernahme des Dampfers durch die Hanns Krüger GmbH, Hamburg, im Jahre 1949. Dieses Unternehmen aus der Hansestadt Hamburg war zugleich auch der letzte Eigner der ehemaligen WOLLIN. 1952 wurde der Dampfer zum Abbruch verkauft.

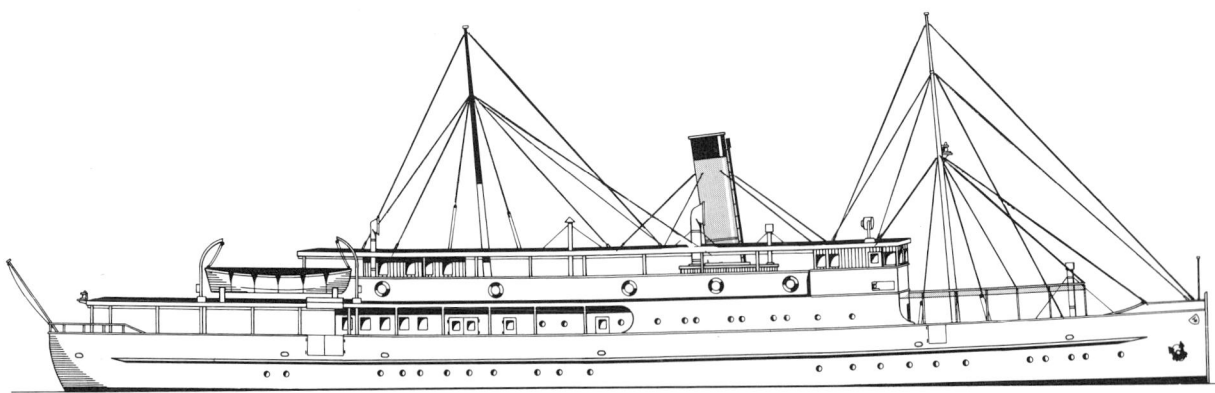

Seebäderdampfer WOLLIN im Hafen von Heidebrink.

Foto: Sammlung Kurt Pittelkow

KURISCHES HAFF

Memeler Dampfschiffahrts-Gesellschaft m. b. H.,
Memel
Bauwerft: F. Lindenau Schiffswerft, Memel /
Baunummer: 47 / 385 BRT /
48,0 m Länge ü. a. / 7,10 m Breite /
2 Dieselmotoren / 300 PS / 10,0 kn / 2 Schr. /
Passagiere: 1 000 /
Besatzung: 9

Das Motorschiff KURISCHES HAFF hatte im Juli 1928
Stapellauf und konnte am 5. November des glei-
chen Jahres in Dienst gestellt werden. Vorrangiges
Einsatzgebiet des Motorschiffes war das Kurische

Haff, das dem Schiff auch den Namen gab. Die
Gesellschaft beschäftigte das Passagierschiff überwiegend zwischen Memel und Cranzbeek. Das
Motorschiff, das den Krieg überstand, wurde 1946
durch die HADAG, Hamburg, gechartert, die es
1947 kaufte und in SÜLLBERG umbenannte. Nach
einem Umbau war die SÜLLBERG mit 352 BRT vermessen und für 560 Passagiere (im Hafen für 611)
zugelassen. Die beiden alten Sulzer-Dieselmoto-
ren wurden durch zwei Deutz-Motoren mit einer
Gesamtleistung von 560 PS ersetzt. Damit konnte
das Schiff bis zu 12 Knoten erreichen. Die Hamburger Reederei August Bolten Wm. Miller's

Das Motorschiff
KURISCHES HAFF in einem
ostpreußischen Hafen.
Foto: Sammlung Autor

Nachf. charterte die SÜLLBERG 1948 für den Dienst Hamburg–Cuxhaven–Husum–Amrum/Föhr, beschäftigte sie aber auch zwischen Hamburg und Bremerhaven. Nach 1952 kam die SÜLLBERG auch zwischen Hamburg und Helgoland und auf anderen Routen in Fahrt. Für den Dienst Bremerhaven–Wangerooge charterte 1955 der Bremer Seebäderdienst G. m. b. H., Bremen, das Motorschiff. Die 1889 gegründete Reederei »Ems«, Aktiengesellschaft, Emden, erwarb 1955 das Schiff und stellte es als HANNOVER in ihren Dienst. Leer war nun neuer Heimathafen der HANNOVER, die im Liniendienst Leer–Borkum zum Einsatz kam. 1963 wurde das Schiff, in FARAGLIONE umbenannt, Eigentum der italienischen Reederei F. Giuffre & Lavro mit Heimathafen Castellamare di Stabia. Beim bisher letzten bekanntgewordenen Umbau des Schiffes 1968 erhielt die FARAGLIONE noch stärkere Motoren von jeweils 900 PS. In Lloyd's Register war die FARAGLIONE 1988 noch verzeichnet.

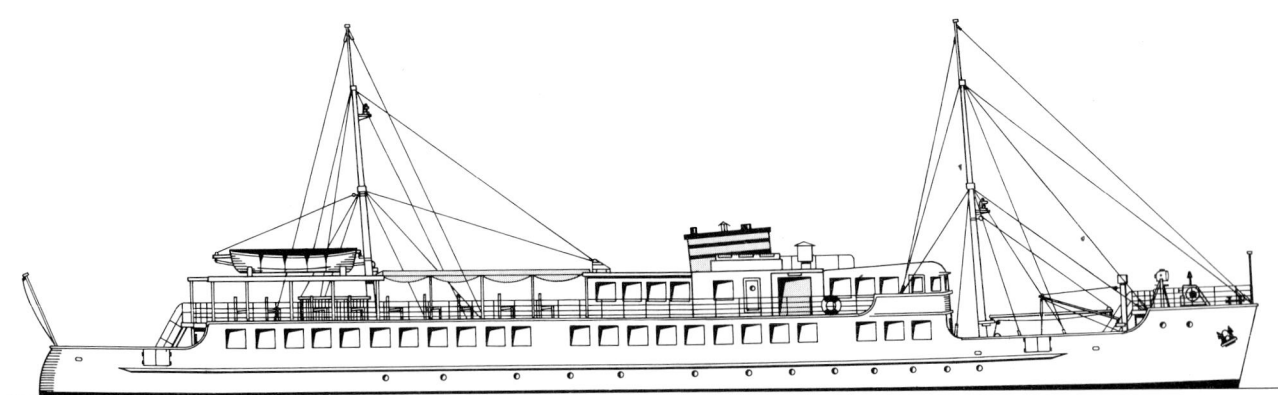

HEIMAT

Hermann Alwert Inh. Johannes Alwert,
Wiek/Rügen
Bauwerft: Stralsunder Schiffswerft
Otto Fröhling, Stralsund /
84 BRT / 28,02 m Länge / 5,40 m Breite /
2 Dieselmotoren / 300 PS /
8,5 kn / 2 Schr. /
Passagiere: 365 /
Besatzung: 4

Die im Juni 1929 vom Stapel gelassene HEIMAT wurde noch im gleichen Jahr an die Rügener Reederei Alwert abgeliefert und von dieser als Passagier- und Frachtschiff in Dienst gestellt. Die Reederei Alwert handelte und transportierte vor allem Güter, wie Holz, Kohlen, Brikett, Baumaterialien, Getreide, Futter und Düngemittel. Das Unternehmen beschäftigte die HEIMAT vom Heimathafen Stralsund aus im Linienverkehr nach Hiddensee und Wiek auf Rügen. Auf diesen Fahrten beförderte das moderne Motorschiff sowohl Fahrgäste als auch Fracht. Neben dem geregelten Liniendienst setzte die Reederei ihr größtes Schiff aber auch für Fahrten »Rund-um-Rügen«, »Rund-um-Hiddensee« und zu verschiedenen anderen Ausflugs- und Sonderfahrten ein. Um 1935 erhielt das Schiff zwei neue 6 Zylinder-Viertakt-Dieselmotore der Deutschen Werke. Jede Maschine hatte eine Leistung von jeweils 150 PS. Am 6. Oktober 1944 befand sich die HEIMAT zur Übernahme von Fracht im Stralsunder Hafen, als die Stadt von einem britischen Bomber-Verband angegriffen und dabei stark zerstört wurde. Bei diesem Angriff erhielt das Motorschiff zwei Bombentreffer, welche die Bordwand zerschlugen und das Vorschiff zerstörten. Das Wrack der HEIMAT wurde später auf das Gelände der Kröger Werft geschleppt, dort aber im Mai 1945 in Brand gesteckt. Einem Brief des

Motorschiff HEIMAT
in Fahrt auf dem
Strelasund um 1930.
Foto: Sammlung
Dr. Jürgen Meyer

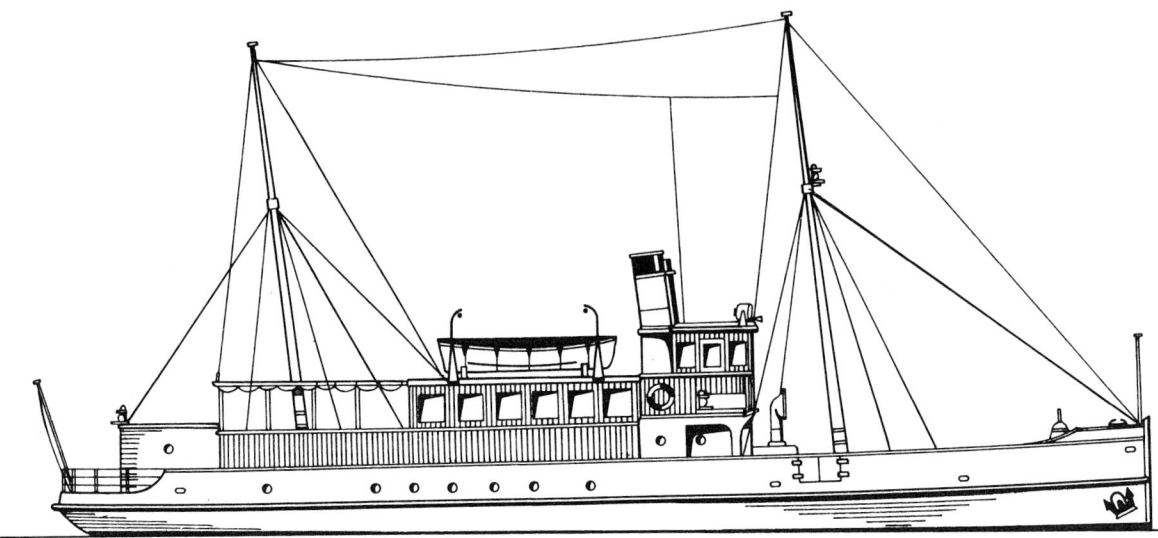

Besitzers Alwert an das Wasserstraßenamt Stralsund vom 20. Juli 1946 kann man entnehmen, daß sich die Reste der HEIMAT zu dieser Zeit noch auf dem Gelände der Werft, die inzwischen in Ingenieur Baugesellschaft m.b.H. Werft Stralsund umbenannt war, befanden. Das Motorschiff HEI-MAT ist nach Mitteilung des Testamentvollstreckers für den Nachlaß des verstorbenen Reeders Johannes Alwert in Wiek auf Rügen vom September 1954 abgewrackt und verschrottet worden. Aus dem Seeschiffsregister der DDR wurde das Schiff mit Wirkung vom 1. April 1955 gestrichen.

KÖNIGIN LUISE (II)

Hamburg-Amerika Linie, Hamburg
Bauwerft: Howaldtswerke AG, Kiel,
Werk Hamburg /
Baunummer: 731 / 2400 BRT /
93,5 m Länge ü. a. / 12,8 m Breite /
2 Dieselmotoren / 3600 PS /
16,0 kn / 2 Schr. /
Passagiere: 2000 /
Besatzung: 77

Das zweite Seebäderschiff mit dem Namen KÖNIGIN LUISE war zugleich auch der zweite Neubau der Hapag für ihren Seebäderdienst. Am 10. April 1934 lief das Motorschiff vom Stapel. Im Sommer 1934 konnte die Hapag die KÖNIGIN LUISE in Dienst stellen. Mit diesem Neubau besaß die Reederei ihr erstes vollgeschweißtes Schiff, das sie, abgesehen von wenigen Ausnahmen, im Ausflugsverkehr zur Insel Helgoland einsetzte. Im September 1939 übernahm die deutsche Kriegsmarine die KÖNIGIN LUISE. Das Motorschiff wurde zum Minenleger mit zwei 8,8-cm-Kanonen, einer 3,7-cm-Kanone und zwei 2-cm-Kanonen sowie mit etwa 240 Minen für die folgenden Einsätze umgerüstet. Als Minenleger kam das Schiff u. a. bei der Verminung des Kattegats und Skagerraks im April 1940 zum Einsatz. Am 25. September 1941 lief MS KÖNIGIN LUISE in der Nähe von Helsinki – der Baltische Ostseeraum sollte das neue Einsatzgebiet des Minenlegers werden – auf eine sowjetische Mine. Das Motorschiff sank nach dem Minentreffer innerhalb weniger Minuten. Das Wrack, das 1947 gehoben werden konnte, wurde in Großbritannien verschrottet.

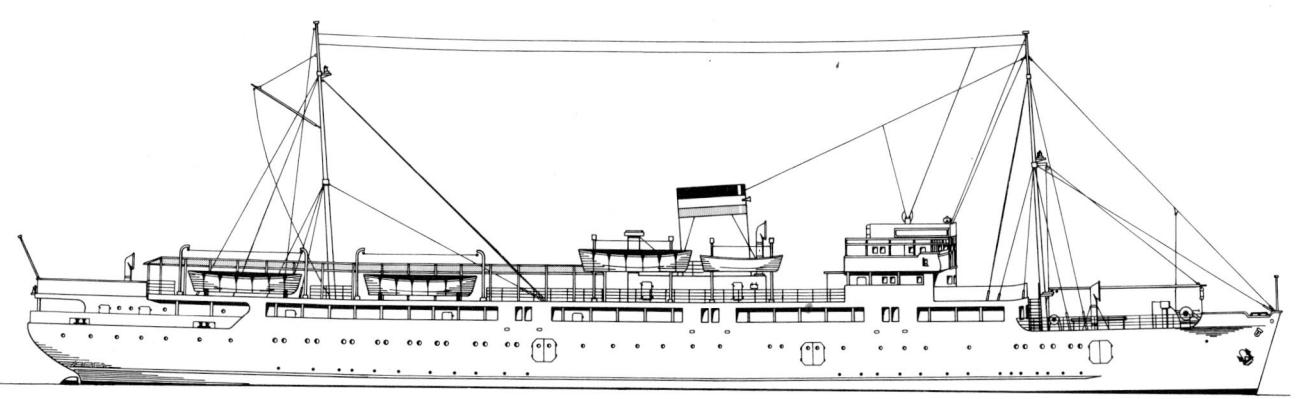

Die KÖNIGIN LUISE 1934 beim Ausbooten der Passagiere vor Helgoland.

Foto: Sammlung Autor

Reichsverkehrsministerium, Berlin
(Seedienst Ostpreußen, Swinemünde)
Bauwerft: Stettiner Oderwerke,
AG für Schiff- und Maschinenbau, Stettin /
Baunummer: 780 / 5504 BRT /
129,5 m Länge ü. a. / 15,5 m Breite /
2 Dampfturbinen mit Getriebe / 12000 PS /
18 kn / 2 Schr. /
Passagiere: 2000 /
Besatzung: 114

Der dritte größere Neubau für den »Seedienst Ostpreußen« lief am 16. März 1935 als TANNENBERG vom Stapel. Nach der Indienststellung für den »Seedienst Ostpreußen« am 12. August 1935 wurde die Hapag Korrespondent-Reeder der TANNENBERG. Die TANNENBERG war von den drei Neubauten für den »Seedienst Ostpreußen« das schnellste Schiff. Ausgerüstet mit zwei Dampfturbinen der Firma Schichau, Elbing, mit je 6000 PS und Getriebe mit 250 Umdrehungen pro Minute erreichte sie eine Geschwindigkeit von bis zu 20 Knoten. Eingerichtet war die TANNENBERG ähnlich wie die HANSESTADT DANZIG und die PREUSSEN, nur fanden weitaus mehr Personenkraftwagen auf dem Vorschiff Platz. Am 2. September 1939 stellte die deutsche Kriegsmarine die TANNENBERG in ihren Dienst. Bereits unter Berücksichtigung eines Krieges projektiert und gebaut, gab es bei der Umrüstung zum Hilfsminenleger keine Probleme. Als Bewaffnung erhielt das Schiff drei Rohre vom Kaliber 150 mm, vier 37-mm-Flak und sechs Rohre vom Kaliber 20 mm. Außerdem konnte sie 460 Minen mitführen. Aus dem Inneren des Schiffes wurden verschiedene Trennwände und entbehrliche Ausrüstung entfernt. An Deck nahm die

Die TANNENBERG, der letzte fertiggestellte Neubau für den »Seedienst Ostpreußen«.   Foto: Sammlung Autor

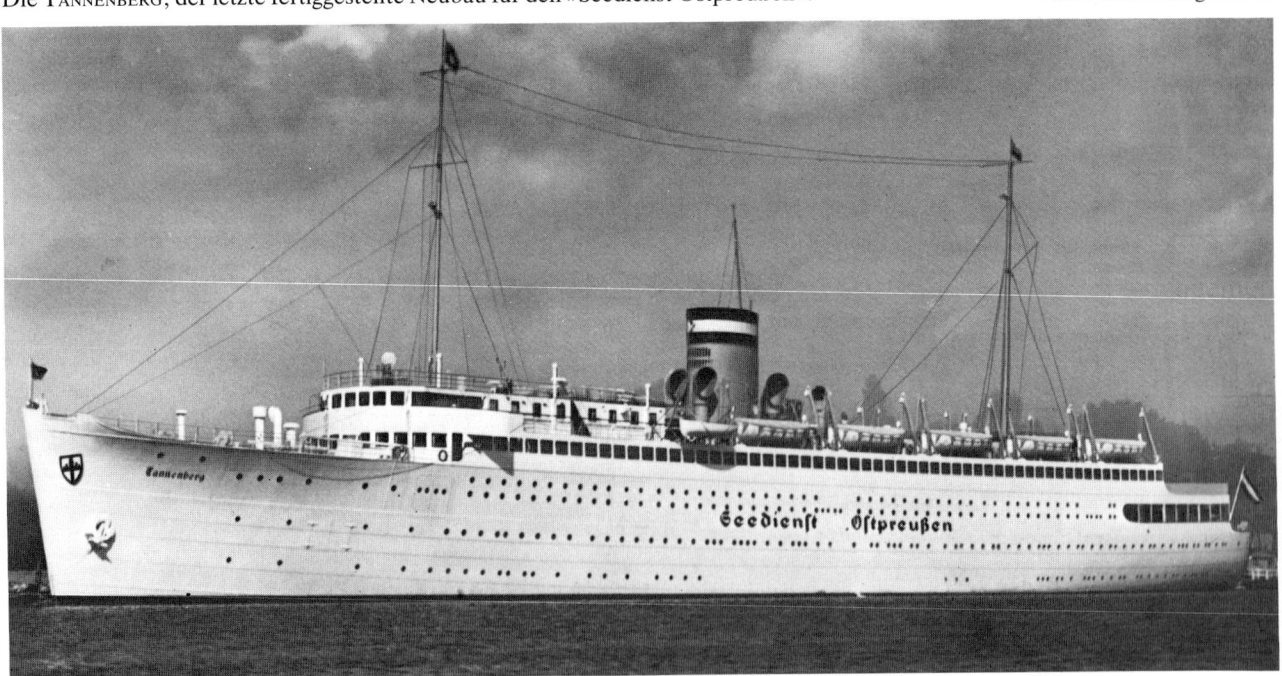

TANNENBERG statt der kleinen Boote für Passagiere größere Rettungsboote auf. Die Besatzung erhöhte sich auf 114 Mann. Im August 1940 war sie als Flaggschiff des Führers der Minenschiffe eingesetzt. Vom 31. August bis 2. September 1940 war die TANNENBERG an der Minensperre »SW 2, SW 3« in der Nordsee, vom 26. bis 30. Januar an der Sperre »Pommern« ebenfalls in der Nordsee und in der Zeit vom 21. bis 22. Juni 1941 an der Sperre »Apolda« in der Ostsee beteiligt. Gleich den beiden Hilfsminenlegern PREUSSEN und HANSESTADT DANZIG lief die TANNENBERG am Abend des 9. Juli 1941 in der Nähe Ölands auf eine schwedische Minensperre und sank nach Minentreffern. Die mit der Bergung der drei Wracks beauftragte schwedische Bergungsfirma Intermarin aus Malmö fand 1952 das Wrack der TANNENBERG in einer Untiefe mit dem Kiel nach oben. Das Schiff war nach der gewaltigen Explosion umgeschlagen, wobei die Aufbauten in das Rumpfinnere gedrückt wurden. In 30 Metern Wassertiefe wurde der Bug gefunden. Er war, wie auch das Heck, vom Rumpf abgerissen. Die Überreste der TANNENBERG wurden später verschrottet.

NAUTILUS

Johannes Alwert, Wiek/Rügen
Bauwerft: Schiffswerft und Maschinenfabrik »Neptun«, Rostock /
Baunummer: 457 / 67 BRT /

20,5 m Länge (ab 1968 33,9 m) / 5,0 m Breite /
1 Dieselmotor / 100 PS / 8,0 kn / 1 Schr. /
Passagiere: 143 /
Besatzung: 4

Motorschiff NAUTILUS in den fünfziger Jahren in Fahrt für die Reederei Alwert.   Foto: Sammlung Autor

Das Motorschiff NAUTILUS wurde Ende 1934 von der Reederei J. Alwert als Personen- und Frachtschiff bei der Rostocker Neptunwerft in Auftrag gegeben. Das Schiff, im April 1935 vom Stapel gelaufen, konnte vom Eigner noch in der Saison des gleichen Jahres in Dienst gestellt werden. Die NAUTILUS mit Heimathafen Wiek auf der Insel Rügen wurde überwiegend im Dienst zwischen Wiek, der Insel Hiddensee, Schaprode und Stralsund beschäftigt, gelegentlich aber auch zu Sonderfahrten »Rund-um-Rügen« sowie »Rund-um-die-Insel-Hiddensee« eingesetzt. Das kleine Motorschiff blieb auch während der Zeit des zweiten Weltkriegs Eigentum der Reederei Alwert. Nach Beendigung des Kriegs erhielt die Reederei im April 1946 die Genehmigung für den Einsatz des Schiffes im Personenverkehr zwischen Rügen, der Insel Hiddensee und Stralsund unter der Aufsicht der sowjetischen Behörden. In dieser Zeit war die NAUTILUS unter der Nummer 3-181 registriert. Im Frühjahr 1955 und 1959 mußte das Schiff auf der Schiffbau- und Reparaturwerft Stralsund überholt werden. Am 1. Januar 1960 übernahm die »Weiße Flotte« Stralsund das Schiff und beschäftigte es weiterhin auf der alten Route. Da die NAUTILUS den Anforderungen eines modernen Verkehrsmittels nicht mehr entsprach, wurde es auf der Volkswerft Stralsund 1967/68 völlig umgebaut. Zu Beginn der Saison 1968 konnte das Schiff mit einer Platzkapazität von 220 Personen wieder eingesetzt werden. Das Motorschiff wurde danach mehrmals modernisiert und befand sich 1989 noch für die »Weiße Flotte« Stralsund im Bereich Warnemünde, wo es neben Hafenrund- und Abendfahrten auch im Berufsverkehr zum Überseehafen Rostock beschäftigt war, im Einsatz.

INSEL HIDDENSEE

Genossenschaftsreederei Hiddensee GmbH, Vitte
Bauwerft: Schiffswerft und Maschinenfabrik »Neptun«, Rostock /
Baunummer: 455 / 193 BRT /
33,7 m Länge ü. a. / 6,5 m Breite /
2 Dieselmotoren (6 Zyl.-Viertakt) / 330 PS /
10,5 kn / 2 Schr. /
Passagiere: 390 /
Besatzung: 5

Der zweite Neubau für die Genossenschaftsreederei Hiddensee, das Motorschiff INSEL HIDDENSEE, lief am 2. Mai 1935 in Rostock vom Stapel. Der Neubau kostete 147 728 RM. Davon hatten die Hiddenseer jedoch nur 103 000 RM an die Werft zu zahlen, die restlichen Kosten wurden aus Reichszuschüssen finanziert. Um das nötige Geld zur Verfügung zu haben, verkaufte die Reederei zuvor den Dampfer LIEBE für 21 000 RM, zu einem Preis, der weit unter dem Wert des Schiffes lag. Nach einer Probezeit mußte das Motorschiff wieder in die Werft zurück, da die Steuereigenschaften unzureichend waren. Erst kurz vor Beendigung der Saison 1935 konnte die »Insel«, so hieß sie im Volksmund, in Dienst gestellt werden. Ab 1936 beschäftigte die Reederei ihren Neubau außer im Liniendienst Stralsund–Hiddensee vertragsgemäß auch für Ausflugfahrten des Sächsischen Kinderheims in Wiek. Darüber hinaus wurde sie an die Sassnitzer Dampfschiffs Reederei verchartert. Ab September 1939 reduzierte man vorerst den Einsatz des Schiffes. Später wurde die INSEL HIDDENSEE jedoch zu vielen Fahrten für das in Stralsund stationierte Militär eingesetzt. Nach dem zweiten Weltkrieg brachte die INSEL HIDDENSEE viele Flüchtlinge der letzten Kriegstage von der Insel Hiddensee herunter. Später stand das Schiff den auf der Insel stationierten sowjetischen Truppen zur Verfügung. Im Sommer 1945 wurde die INSEL HIDDENSEE für einen Transport nach Swinemünde kommandiert. Nachdem das Schiff unter der Nummer 3-182 registriert und für den Verkehr freigegeben war, setzte es die Reederei ab 6. April 1946 wieder im regelmäßigen Verkehr von Kloster und Vitte nach Stralsund ein. Außerdem lief es

Motorschiff INSEL HIDDENSEE beim Einlaufen in den Hafen von Altefähr Mitte der fünfziger Jahre.　　　Foto: Sammlung Autor

Schaprode an, denn von hier aus bestand eine der wenigen Möglichkeiten, Stralsund zu erreichen. Nach der Wiederaufnahme des Liniendienstes wurde 1946 auch der Sonntagsverkehr wieder eingeführt. Ab 1951 machte die INSEL HIDDENSEE gelegentliche Sonderfahrten für die DSU und unternahm Transportfahrten für das Kinderheim in Wiek. Die Genossenschaftsreederei vercharterte ab 1952 das Schiff auch für verschiedene Fahrten im Bäderverkehr der DSU, vor allem für Ausflugsfahrten ab Rügen und der Insel Usedom in den Greifswalder Bodden. Die erste Fahrt im Bäderverkehr fand am 1. Juni 1952 mit 430 Fahrgästen und einer Musikkapelle an Bord statt. Im gleichen Jahr wurde das Motorschiff auch für eine Sonderfahrt von der Insel Riems zur Greifswalder Oie eingesetzt. Von Herbst 1954 bis Ende Mai 1955 mußte das Schiff in der Stralsunder Volks-

werft generalüberholt werden. Die beiden Diesel wurden im Dieselmotorenwerk Rostock erneuert. Zusammen mit dem Dampfer SWANTI wurde am 1. Januar 1960 auch die INSEL HIDDENSEE von der »Weißen Flotte« Stralsund übernommen. Die »Weiße Flotte« beschäftigte das Schiff weiterhin im Liniendienst Stralsund–Insel Hiddensee und für verschiedene Sonderfahrten. In einer ersten Umbaustufe 1964/65 erhielt die INSEL HIDDENSEE im VEB Volkswerft Stralsund neue Motoren (2 × 225 PS). In einer zweiten Umbaustufe 1965/ 1966 wurden die Aufbauten und die Inneneinrichtung erneuert. Seitdem sind auf der INSEL HIDDENSEE 409 geschützte Plätze vorhanden, die sich vor allem beim Einsatz des Schiffes in der kälteren Jahreszeit bewähren. Unter der Flagge der »Weißen Flotte« Stralsund war die INSEL HIDDENSEE noch 1989 im Einsatz.

FRISIA X

Aktiengesellschaft Reederei Norden-Frisia, Norderney
Bauwerft: Jos. L. Meyer, Papenburg /
Baunummer: 403 / 322 BRT /
41,27 m Länge / 7,60 m Breite /

2 Dieselmotoren (6 Zylinder) / 350 PS /
11,0 kn / 2 Schr. /
Passagiere: 480 /
Besatzung: 8

Geplant für den Verkehr nach Juist wurde das Motorschiff 1934 in Auftrag gegeben. Die FRISIA X lief im August 1935 vom Stapel und konnte im Herbst des gleichen Jahres in Dienst gestellt werden. Das moderne Motorschiff blieb aber nur für einige Jahre im Inselverkehr in Fahrt. Im September 1939 kam die FRISIA X als Zollwachschiff in der Emsmündung unter Borkum zum Einsatz. Die

deutsche Kriegsmarine übernahm einige Zeit später die FRISIA X und ließ sie zum Hilfsminenschiff umbauen. Der Torpedo-Versuchsanstalt Kiel zugeordnet, wurde das Schiff von einem unscharfen Torpedo getroffen und dabei erheblich beschädigt. 1945 beschlagnahmten US-Besatzungstruppen die FRISIA X und stellten sie der Weserfähre G.m.b.H. in Bremerhaven als Weserfähre zur

Seebäderdampfer
FRISIA X um 1936.
Foto: Walter Brunke

Verfügung. Nach zähen Verhandlungen erhielt die A.G. Reederei Norden-Frisia im Spätherbst 1946 ihr Schiff zurück. Umfangreiche Umbauten gingen dem erneuten Einsatz der FRISIA X im Inseldienst im Sommer 1947 voraus. Interessant ist, daß die Reederei vom Port-Controler vor dem Umbau eine spezielle Umbau- und Instandsetzungs-Ge-

nehmigung benötigte. Im April 1968 wurde das Motorschiff an Hugo Büschen nach Wilhelmshaven verkauft. Unmittelbar danach erwarb die Eerste Urker Passagier- und Vrachtdienst Reederei die FRISIA X. Der neue Eigner beschäftigte das Motorschiff als PRINS CLAUS im Dienst Urk–Enkhuizen.

MÖLTENORT

Hafenrundfahrt A.G. Kiel
Bauwerft: Friedrich Krupp Germaniawerft, Kiel /
Baunummer: 562 / 167,70 BRT /
26,21 m reg. Länge / 7,03 m Breite /
1 Dieselmotor / 300 PS /
10 kn / 1 Schr. /
Passagiere: etwa 230 auf See / 390 im Hafen /
Besatzung: 5

Das Motorschiff MÖLTENORT hatte am 11. April 1936 in Kiel Stapellauf. Die Hafenrundfahrt

A.G., Kiel, konnte den Neubau bereits zu Saisonbeginn im Mai 1936 in Dienst stellen. In den wenigen Jahren bis zum Beginn des zweiten Weltkrieges blieb das Kieler Motorschiff für verschiedene Passagierfahrten in der Fahrt auf der Kieler Förde im Einsatz. Da es ab 1939 nicht in den Dienst der deutschen Kriegsmarine gestellt wurde, konnte die Reederei die MÖLTENORT auch während des Krieges weiter im alten Fahrtgebiet einsetzen. Bei einem Luftangriff am 14. Mai 1943 brannte das Motorschiff nach einem Treffer an der Reventlouv-

Die MÖLTENORT
im Hafenbetrieb.
Foto: Jansen

Brücke aus. Auf der Nobiskrug Werft in Rendsburg konnten wenige Wochen später die Schäden behoben und das Schiff gleichzeitig umgebaut werden, wodurch sich die Passagierkapazität erhöhte. Im Hafenbetrieb konnte die MÖLTENORT nun etwa 433 und bei Fahrten auf See 262 Personen an Bord nehmen. Im Sommer 1944 wurde das Motorschiff erneut bei einem Bombenangriff beschädigt. Nach Beendigung des zweiten Weltkrieges befand sich die MÖLTENORT in Kiel. Die britischen Besatzer verzichteten zu Gunsten der Stadt Kiel auf das ihnen 1946 zugesprochene Schiff. Das Motorschiff wurde bis zum Verkauf an die Flensburger Personenschiffahrt und die Umbenennung in ANGELN 1961 weiter für Fahrten auf der Kieler Förde beschäftigt. Nach einigen Umbauten in den Passagiereinrichtungen setzte der neue Eigner die ANGELN auf der Linie Flensburg–Kollund ein. Die Seebäderdienst Reederei Kapitän Willy Fretersen erwarb 1968 das Schiff. Vom Heimathafen Heiligenhafen aus, wo sich auch der Sitz der Reederei befand, machte das in HAI umbenannte Schiff nun wieder Passagierfahrten, u. a. war es für Rundfahrten um die Insel Fehmarn oder nach Røsbyhavn und Nysted im Einsatz. Die HAI lag 1972 in Heiligenhafen auf und kehrte ein Jahr später in die Kieler Förde zurück, wo sie erneut für Ausflugsfahrten genutzt werden sollte. Das Motorschiff hatte aber ausgedient und wurde 1974 abgebrochen.

MÜRWIK

Förde-Reederei GmbH., Flensburg
Bauwerft: G. Renck jr., Hamburg-Harburg /
Baunummer: 634 / 160 BRT /
26,17 m Länge / 6,50 m Breite /

1 Viertakt-Dieselmotor / 220 PS /
1 Schr. /
Passagiere: 416 /
Besatzung: 6

Die MÜRWIK auf der Flensburger Förde im Ausflugsverkehr.   Foto: Sammlung Gerd Uwe Detlefsen

Nur zwei Monate nach dem Stapellauf der MÜRWIK im Mai 1937 konnte das Motorschiff an die Förde-Reederei GmbH, Flensburg, abgeliefert werden. Die MÜRWIK war nach dem ersten Weltkrieg der erste größere Neubau dieser Reederei. Anfang Juli 1937, also inmitten des Saisonbetriebes, kam die MÜRWIK erstmals im Passagierverkehr zum Einsatz. Die Reederei mußte allerdings recht bald feststellen, daß dieser Neubau nicht so recht ihren Vorstellungen entsprach. Wegen seines flachen Bodens neigte das Motorschiff zur seitlichen Drift, und die Vibrationen des Dieselmotors waren erheblich. Trotzdem kam das Motorschiff in Fahrt.

Die Förde-Reederei GmbH beschäftigte die MÜRWIK vorwiegend für Sonderfahrten zum Alsensund oder nach Dänemark sowie zu Ausflugsfahrten. Ihr ziviler Einsatz endete mit dem Beginn des zweiten Weltkriegs. Ab September 1939 diente die MÜRWIK im Raum Kiel der deutschen Kriegsmarine als Verkehrsschiff. 1946 wurde das Motorschiff von Großbritannien beschlagnahmt und in SEAHORSE umbenannt. Noch im gleichen Jahr lieferte Großbritannien das erst neun Jahre alte Motorschiff an die UdSSR ab. Genaue Angaben über den weiteren Einsatz des Schiffes unter sowjetischer Flagge sind nicht bekannt. Ende der 60er Jahre war die ehemalige MÜRWIK im Schwarzmeerhafen Kerč (Kertsch) eingetragen.

DORNBUSCH

Genossenschaftsreederei Hiddensee GmbH, Vitte
Bauwerft: Gebrüder Wiemann, Brandenburg/Havel /
129 BRT /

28,0 m Länge ü. a. / 5,64 m Breite /
1 Dieselmotor / 240 PS /
8,5 kn / 1 Schr. /
Passagiere: 195 /
Besatzung: 6

Die DORNBUSCH nach der Indienststellung.   Foto: Sammlung Autor

Der Bau des Schiffes wurde in einer Generalversammlung der Reederei am 13. Dezember 1936 beschlossen. Die Bauausführung übertrug die Reederei dem Schiffbauunternehmen Wiemann in Brandenburg an der Havel. Für den Neubau gelang es dem Hiddenseer Unternehmen, einen Reichszuschuß von 34000 RM zu bekommen. Die Gesamtkosten beliefen sich auf 128500 RM. Zunächst schien über dem Projekt ein unglücklicher Stern zu stehen. Auf der Bauwerft brach im April 1937 ein größerer Brand aus, dem auch der auf Kiel gelegte Neubau zum Opfer fiel. Der für den 15. Juli 1937 festgelegte Ablieferungstermin mußte vorerst hinausgeschoben werden. Am 6. November 1937 konnte das Schiff dann endlich als DORNBUSCH vom Stapel gelassen werden. Am 5. Februar 1938 hatte die DORNBUSCH ihre erste Probefahrt. In Stettin wurde das Motorschiff endgültig fertiggestellt, nachdem es aufgrund der Höhe der Aufbauten die Brücken auf der Route Brandenburg–Stettin nicht passieren konnte. Unmittelbar nach Fertigstellung konnte der Neubau in den vorgesehenen Dienst zwischen Hiddensee und Stralsund eingestellt werden. Die DORNBUSCH, die sich bei den Passagieren bald großer Beliebtheit erfreute, hatte eine moderne Inneneinrichtung und war für die kalte Jahreszeit mit einer Heizung ausgerüstet. Neben dem Liniendienst zwischen Hiddensee und Stralsund beschäftigte die Reederei ihr Schiff auch ab Stralsund für Fahrten »Rund-um-Hiddensee«. Nach dem Beginn des zweiten Weltkriegs endete auch für diesen Neubau der Einsatz im Passagierverkehr. Die deutsche Kriegsmarine charterte das moderne Motorschiff zunächst ab August 1940. Im Mai 1941 verkaufte die Genossenschaftsreederei die DORNBUSCH für rund 132000 RM an die Kriegsmarine, die sie als Navigationsschulschiff für die deutsche Luftwaffe nutzte. 1945 mußte das Schiff an die Niederlande abgeliefert werden, die es als DOORNBOSCH in Fahrt brachte; ab Juli 1948 als DOORNBOS. 1952 umbenannt in HOBEIN war es noch für längere Zeit als Patrouillen- und Schulboot und zuletzt als Fährschiff in Den Helder eingesetzt. Am 6. September 1973 von der u. d. Veldt, Amsterdam, gekauft, wurde das Schiff als Sportfischereifahrzeug genutzt.

MARIENBURG

Reichsverkehrsministerium, Berlin
Bauwerft: Stettiner Oderwerke, AG für Schiffs- und Maschinenbau, Stettin /
Baunummer: 807 / 6200 BRT /
131,6 m Länge / 18,25 m Breite /
2 Satz Turbinen mit elektrischer Kraftübertragung / 8000 PS /
18 kn / 2 Schr. /
Passagiere: geplant ca. 550 /
Besatzung: geplant ca. 160

Die MARIENBURG, der vierte Neubau der vom Reichsverkehrsministerium für den »Seedienst Ostpreußen« in Auftrag gegeben wurde, war um etwa 1000 BRT größer als die TANNENBERG. Als Weiterentwicklung der TANNENBERG sollte dieser Neubau neben Fahrten im Programm des »Seedienstes Ostpreußen« auch für Winterreisen nach Finnland und Norwegen eingesetzt werden. Aus diesem Grund erhielt die MARIENBURG eine spezielle Eisverstärkung. Geplant waren die Aufnahme von 132 Passagieren in Doppelkabinen und diverse billige sogenannte »Wanderkojen«. Außerdem verfügte das Turbinenschiff über einen großen Speisesaal für etwa 170 Personen, einen Rauchsalon sowie ein Café. Für den Transport von Personenkraftwagen und Fahrrädern verfügte das Schiff über eine spezielle Ladeluke am Bug. Das neue Fahrgastschiff sollte von der Stettiner Dampfschiffs-Gesellschaft J. F. Braeunlich bereedert werden. Als das Turbo-Elektroschiff am 14. Oktober 1939 in Stettin-Grabow vom Stapel lief, befand sich Deutschland bereits im Kriegszustand. Unter deutscher Flagge wurde die MARIENBURG jedoch nicht fertiggestellt. In der Nähe von Stettin, im Damm'schen See, lag sie unfertig auch

Die MARIENBURG, nach der Fertigstellung als LENSOWJET in Wismar.　　　　　　　Foto: Sammlung Dietrich Strobel

nach der Übergabe an die UdSSR im April 1945. Erst im Oktober 1950 wurde die MARIENBURG nach Wismar in den VEB Mathias-Thesen Werft geschleppt. Im Auftrag der UdSSR erfolgte hier die Fertigstellung des unfertigen Schiffes zum Fahrgastschiff LENSOWJET. Nach der Fertigstellung am 30. Dezember 1955 war die LENSOWJET mit 6806 BRT vermessen und verfügte über Einrichtungen für insgesamt 546 Passagiere und 176 Besatzungsmitglieder. Eingerichtet waren die Passagierunterkünfte für 4 Personen in der Luxus-

klasse, 60 in der I. Klasse, 188 in der II. Klasse und 294 in der III. Klasse. Als Schiff der sowjetischen Schwarzmeer-Reederei Black Sea Steamship Co., Odessa, kam die LENSOWJET auf dem Schwarzen Meer zum Einsatz. Auf Wunsch der Regierung der Abchasischen ASSR erhielt das Schiff 1965 den Namen ABKHAZIA. Beschäftigt wurde die ABKHAZIA auf der Route Odessa–Batumi sowie für Sommerkreuzfahrten zwischen Odessa und Varna. 1980 wurde das Fahrgastschiff in Barcelona abgebrochen.

HELGOLAND (III)

Hamburg-Amerika Linie, Hamburg
Bauwerft: F. Lindenau Schiffswerft, Memel /
2947 BRT /
113,0 m Länge ü. a. / 12,2 m Breite /
2 AEG-Turbinen / 4000 PS / 16,0 kn /
2 Voith-Schneider Propeller /

Passagiere: 2000 /
Besatzung: 90

Das von der Hapag für den Helgoland-Dienst vorgesehene Seeschiff lief am 6. Mai 1939 vom Stapel und konnte im Juli 1939 in Dienst gestellt werden.

Die HELGOLAND, letzter Neubau für den Helgoland-Dienst vor dem zweiten Weltkrieg.   Foto: Hapag-Lloyd AG

Es war das größte und modernste Schiff, das die Hapag im Helgoland-Dienst zum Einsatz brachte. Erwähnenswert ist die Tatsache, daß es das größte bis dahin gebaute Seeschiff mit Voith-Schneider-Antrieb war, eine Vortriebseinrichtung, die sich gleichzeitig für die Steuerung des Schiffes eignete. Auf der HELGOLAND bewährte sich diese Antriebsart allerdings nicht. Die aufgetretenen Probleme mit der Maschinenanlage führten dazu, daß die HELGOLAND zu Beginn des zweiten Weltkriegs nicht, wie geplant, von der deutschen Kriegsma-

rine zum Minenleger umgerüstet, sondern als Marinewohnschiff in Cuxhaven stationiert wurde. Hier verblieb es bis zum Ende des zweiten Weltkriegs. Anfang Juni 1945 mußte das ehemalige Seebäderschiff an Großbritannien abgeliefert werden. Am 18. März 1946 brannte es jedoch am Cuxhavener Lenzkai aus. Bis 1947 lag die HELGOLAND bei der Deutschen Werft in Hamburg-Finkenwerder. Mit einer Ladung Gasmunition und Sprengstoff wurde das Schiff auf Befehl der Alliierten 1948 in der Nordsee versenkt.

Historische Bezeichnungen genannter geographischer Namen

Bredow	Drzetowo zu Szczecin (Polen)	Königsberg	Kaliningrad
Brunshaupten	Kühlungsborn (DDR)	Laatziger Ablage	Zalesie (Polen)
Cammin	Kamień Pomorski (Polen)	Labiau	Ort an der Mündung der Deime in das Kurische Haff (UdSSR)
Cranz/Cranzbeek	Selenogradsk (UdSSR)		
Dammscher See	Jez. Dabie (Polen)	Libau	Liepaja (UdSSR)
Danzig	Gdańsk (Polen)	Memel	Klaipeda (UdSSR)
Deime	Pregelarm	Misdroy	Miedzyzdroje (Polen)
Dievenow	Dziwnów (Polen)	Nidden	Nida (UdSSR)
Elbing	Elblag (Polen)	Pillau	Baltisk (UdSSR)
Frauendorf	Skolwin (Polen)	Pregel (Fluß)	Pregolja (UdSSR)
Frische Nehrung	Wislanehrung (Polen) Mierzeja Wiślana (UdSSR)	Reval	Tallin (UdSSR)
		Rossitten	Rybatschi (UdSSR)
Frisches Haff	Wislahaff (Polen) Zalew Wiślany (UdSSR)	Rügenwaldermünde	Tartowo (Polen)
		Ruß (Fluß)	Neman (UdSSR)
Gienke	Glinki (Polen)	Sarkau	Ort auf der Kurischen Nehrung zwischen Rossitten und Cranz (UdSSR)
Gotenhafen	Gdynia (Polen)		
Gotzlow	Goclaw zu Szczecin (Polen)		
Grabow	Grabow zu Szczecin (Polen)	Schwarzort	Juodkranté
Greifenhagen	Gryfina (Polen)	Sonderburg	Sonderborg (Dänemark)
Heidebrink	Miedzywodzie (Polen)	Stepenitz	Stepnica (Polen)
Helsingfors	Helsinki (Finnland)	Stettin	Szczecin (Polen)
Jasenitz	Jasienica (Polen)	Swinemünde	Świnoujście (Polen)
Kahlberg	Krynica Morska (Polen)	Tapiau	Gwardeisk (UdSSR)
Kolberg	Kołobrzeg (Polen)	Tilsit	Sowjetsk (UdSSR)
Kratzwieck	Glinki zu Szczecin (Polen)	Wollin	Wolin (Polen)
Kuhrische Nehrung	Kurskaja Kosa (UdSSR)	Zoppot	Sopot (Polen)
Kuhrisches Haff	Kurski saliw (UdSSR)	Züllchow	Zelecowa (Polen)

Verwendete Abkürzungen

Fuß	1 Fuß = 1 Foot = 12 Zoll = 30,5 cm	III-Exp.	Dreifach-Expansions-Dampfmaschine
preuß. Normallast	1 Preuß. Normallast = 1,47 tdw (Tragfähigkeit)	Compound	Zweifach-Expansions-Dampfmaschine
Meile	1 engl. Meile = 1 523,99 m		
BRT	Bruttoregistertonnen (1 BRT = 2,83 m^3)	PS	Leistung in PS (1 PS = 0,986 HP = 0,736 kW)
Länge	Länge laut Register des Germanischen Lloyd	kn	Knoten (1 kn = 1,852 km/h) Angaben in Dienstgeschwindigkeit
		Schr.	Anzahl der Schiffsschrauben

Literaturverzeichnis

Bücher

Baasch, H.: Handelsschiffe im Kriegseinsatz. – Hamburg, 1975

Benja, G.: Niederweser Lustfahrten / Eine Chronik über 150 Jahre Passagierschiffahrt Bremen–Vegesack–Brake–Oldenburg–Bremerhaven. – Bremen, 1983

Bock, B.: Grüne Blaue Schwarze Weiße Dampfer/Geschichte der Kieler Fördeschiffahrt. – Herford o. J.

Burkart, R.: Chronik der Stadt Swinemünde im Kriegsjahr 1939 (Bd. 2). – Swinemünde, 1939

Busch, P.: Der Eisenschiffbau in Rostock (Dokumentation). –

Detlefsen, G. U.: Flensburger Förde-Schiffe. – Herford, 1977

Detlefsen, G. U.: Deutsche Ostseepassagierschiffe in alten Ansichten. – Zaltbommel, 1984

Gröner, E.: Die deutschen Kriegsschiffe 1815 bis 1945. – München, 1968

Haws, D.: The ships of the Hamburg-America, Adler and Carr lines. – Cambridge, 1980

Hilmer, K.: Geschichte der Hamburg-Amerika Linie/ Zum 75 Jubiläum der Hapag (Bd. 1 u. 2). – Hamburg, 1913

Kiedel, K. P.: Vom Flußraddampfer zum Kreuzliner/ Passagierschiffbau auf der Werft von Jos. L. Meyer 1874 bis 1986. – Lingen, 1986

Kludas, A.: Hundert Jahre HADAG-Schiffe 1888–1988. – Herford, 1988

Kludas, A.; Bischoff, H.: Die Schiffe der Hamburg–Amerika Linie 1927 bis 1970. – Herford, 1981

Koch, M.: Zur Geschichte von Saßnitz. – Saßnitz, 1934

Neumann, M.; Strobel, D.: Vom Kutter zum Containerschiff. – Berlin, 1981

Pittelkow, K.; Schmelzkopf, R.: Heimathafen Stettin. – Cuxhaven, 1987

Prager, H. G.: Blohm + Voss Schiffe und Maschinen für die Welt. – Herford, 1977

Rahden, H.: Die Schiffe der Rostocker Handelsflotte (1800 bis 1917). – Rostock, 1941

Rudolph, W.: Die Insel der Schiffer. – Rostock, 1962

Schmelzkopf, R.: Die deutsche Handelsschiffahrt 1919 bis 1939 (Teil 1 und 2). – Oldenburg, 1975

Schönfels, P.: Die Hamburger Seebäder und Fährschiffe von der Jahrhundertwende bis 1945 und 1945 bis 1973. – Hamburg, 1974, 1973

Siersdorfer, T. F.: Hamburg–Cuxhaven–Helgoland/ Chronik der Niederelbe-Bäderdampfer. – Norderstedt, 1974

Spies, M. H.: Veteran Steamers/A Story of the Preser Vation of Steamships. – Humlebaek, 1965

Trotha, A.; König, P.: Deutsche Seefahrt. – Berlin, 1928

Wentzel, H. G.: Die Mews-Linie. – Göttingen, 1986

Wilson, E. A.: Soviet Passenger Ships 1917–1977. – World Ship Society, 1978

Witthöft, H. J.: Hapag/Lloyd. – Herford, 1973

Firmenschriften, Jahrbücher, Register, Zeitschriften

Amtliche Liste der deutschen Seeschiffe. – Berlin, 1930 bis 1936

Germanischer Lloyd/Internationales Register

Hundert Jahre Reederei Norden-Frisia 1871 bis 1971. – Norden, 1971

Mecklenburgische Monatshefte

Morze

Seewirtschaft

Schiffbau

Schiffbautechnik

Schiffahrt international

Verzeichnis der Schiffsnamen

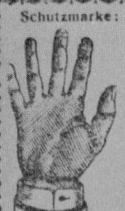